閉ざされる建築、開かれる空間

社会と建築の変容

中川 理

鹿島出版会

はじめに

本書は、読売新聞文化欄に二〇〇〇年三月から二〇二一年三月まで二一年にわたり連載した「建築季評」の連載をまとめたものである。連載といっても「季評」、つまり一年に四回だけのささやかなコラムである。しかし、この二〇年は、建築をめぐる社会状況に大きな変化があった。9・11テロ、耐震強度偽装、東日本大震災、国立競技場問題、そしてコロナ禍。その間に、確かに建築の社会における位相は大きく変化した。ささやかなコラムであっても、それをまとめることに意味はあるかもしれない。

といっても、その変化があらかじめわかっていて書いたものではない。変化する渦中にいて書いたコラムだ。ライブ感のようなものはあるのだろうが、歯切れが悪い表現も目立つ。しかも、扱った事象は多岐にわたっている。そこで、それらの記述から、二〇年の変化を少しでも浮き彫りにするために、扱った内容から六章に分類し、それぞれの章で掲載日の順番に並べることとした。

そして、各コラムには、この本をまとめる時点で加えておくべき情報を〈afterword〉として付け加えた。それは、取り上げた建築やイベントがその後どうなったかという後日談だけではない。いま改めてこの事象を考えるとどうなるか。少し別の視点からの言及が必要なものも出てくるので、それを加筆している。それは、自分の文章に対する、時間を経た批評のようなものにもなっている。

加えて、各コラムの文章自体にも手を入れている。もちろん、ライブ感は保たなければならないだろうし、内容そのものを変えるような大幅な修正は行っていない。しかし、振り返って考えてみると、この表現や言い回しは的確でない、と考えざるを得ない部分については、適宜修正を加えている。

さて内容についても、あらかじめその性格を示しておく必要があるだろう。私は建築や都市空間の歴史を専門とする研究者である。したがってこのコラムは、建築についてのいわゆる批評を書いたものにはなっていない。批評をどう定義するかということもあるだろうが、ここではあくまで、コラムを書いた時点で建築とそれに関わる分野の視点から取り上げるべきと私が考えた事象について、私なりにその論点を指摘するに留まっている。そのために、「建築季評」としながら、建築そのものではなく、それがつくられる過程や、社会からの扱われ方に関わる出来事を主に扱う内容になっている。

しかし結果的にだが、そのことは一般紙のコラムとしてより相応しいものだったのかなとも考える。建築には幅広い分野からの議論が集約されることになるが、一方で計画、設計、構造、環境、さらには思想など、それぞれの分野での専門的な議論が成立する。私の専門である歴史（建築史）もその一つだ。一般紙のコラムに求められるのは、そうした専門から距離をおいてできるだけ俯瞰的な視点から建築やそれをめぐる事象を捉えることであろう。この連載は、そうした意味での距離感はある程度保たれているのではないかと思う。そのことは、六章に分けた分類にも表れている。建築と社会の関係の変化、そしてそのことにより起こる建築をつくり出すことの課題、さらにはそのデザインが抱える社会的意味の変化など、一貫して建築をあくまで一つの社会現象として扱う視点によるものとなっている。

　ただし、もちろんバラバラのコラムであるから、各章においても体系づけられた記述になっているわけではない。さらに言えば、二〇年間の建築に関わる事象のすべてを網羅できているわけではない。たまたま、私が出会った事柄について取り上げたに過ぎない、という言い方もできるだろう。それでも、たとえ片隅の出来事に見えるようなことでも、そこに含まれる議論をより一般化して理解する努力はしたつもりである。では、その議論を全体としてまとめることはできるのか。そこで、最後の「おわりに――構築から接続へ」では、その可能性について触れることとした。もちろん、あくまで可能性の段階でしかないが、本書を素材として、建築の変容についての多くの議論が提起されることを期待したい。

　なお、本書には「建築季評」として掲載されたコラムのほかに、二点ほど読売新聞文化欄に掲載された原稿も収録している。該当するものは、〈afterword〉で示した。それは、依頼原稿ではあるが、内容としては「建築季評」の主旨の枠内にあると判断した。また、「建築季評」では、いくつかの例外を除いて毎回一点の写真を掲載した。それは建築に関わるこの連載にとって重要な意味を持っていたはずであり、本書でも原則として同じ写真を収録している。特記がない写真は、すべて筆者自らの撮影によるものである。ただし、その他の写真には版権の制約から、新聞掲載時と伝えたいことは同じだが、写真としては異なるものを収録したものもあり、残念ながら省いたものもあることをお断りしておく。

目次

第一章

建築の解釈

ネットの普及による情報の拡散、耐震強度偽装問題、東日本大震災からの復興事業、国立競技場案の白紙撤回、そしてコロナ禍。この二〇年は、社会状況を大きく動かしてしまう変化の時代であったと言えるだろう。その変化はとりわけ、建築をとりまく環境の変化として表れた。一般紙に書くコラムとして求められるのは、そうした状況の変化のなかで、建築の社会的な立ち位置について考えることだったのだろうと思う。時間軸に沿って並べてみると、その変化のなかで、建築がどのように理解され、解釈されるものとなっていったかが理解できるだろう。

01

メーリングリストがつくる新しい評価

二〇〇〇年三月三〇日付

最近、近代建築を扱ったメーリングリストの活躍がおもしろい。メーリングリストとは、インターネットのメールを特定のメンバーで共有するシステムだ。いわば、ネット版の同好会のようなもの。「近代建築探訪メーリングリスト」は、その名のとおり、歴史的な近代建築の情報を共有し楽しむグループである。注目すべきは、現在約八〇人のメンバーの中に、建築を専門に扱っている人がほとんどいないことだ。つまり「素人」の集まりということになるのだが、そこで共有される情報の量と質は驚くべきものがある。

従来も彼らのような、建築マニアと呼ばれるような人々は存在したが、それぞれの地域で孤立する存在であった。まさにインターネットという新しい媒体が、その個々の活動を束ねて大きなうねりをつくる状況を生み出している。しかし、彼らの活躍には、さらに大きな意味が潜んでいる。それは、旧来の特権的な「建築」という概念を揺さぶっていることである。

建物を建設するには、莫大な資金力と専門的な知識と技術が必要である。それらは、それぞれの専門家が担うものであり、できあがった建築の評価も、そうして独占された専門家の議論の範囲のなかで行われてきた。しかし、人々の生活のなかで建築の存在を捉えようとする、とりわけ歴史的建築をまちづくりのなかで活用しようとする動きが広がろうとする現在、建築の評価は専門家の議論だけでは十分なものとは言えなくなってきた。

件のメーリングリストで言えば、建築の歴史的価値そのものに大きな変更を迫る動きが見てとれる。これまで歴史的建築はもっぱら文化財としての学術的な価値で判断されてきたが、彼らはそうした価値基準に頓着しない。毎日、メンバー各々の独自で趣味的ともいえる判断に基づき、数多くの建築が発見され、評価されつづけている。

もちろん、彼らの存在はまだ、マニアの趣味として括られてしまうものでしかないのかもしれない。しかし、そこで日々示されるマニア的な好みには、「権威的価値」対「市民的価値」といった単純な図式を超えて、建築を考える上でのさらにラジカルな問題提起が潜んでいる。

メーリングリストのメンバーの何人かと市民グループが中心となって、一昨年から「武田五一展」という展覧会が開催されている。京都、吹田（大阪）、東京、山口、名古屋と巡回展が続いている。展覧会といっても、マニアたちが撮ってきた、建築家・武田五一が設計した建物の写真を展示するだけのささやかなものだが、各地で好評である。

松風嘉定邸（現・五龍閣、武田五一設計、1914年）

では、なぜ武田五一なのか。武田五一は、京都大学建築学科の初代教授を務め、戦前の関西に君臨した建築家である。生涯に二〇〇を超える建築物を設計したとも言われている。しかし、東京駅の設計者である辰野金吾などに比べると、一般の知名度ははるかに低い。それにはいろいろな理由があるが、決定的なのはデザインの傾向である。彼のデザインは、写真の建物でもわかるように、さまざまな要素をモザイクのように組み立てる傾向が強い。そのことが、表現の一貫性に欠けると判断され、建築作家としての評価が難しくなるのだ。しかしマニアたち、そしてその展覧会に集う人々は、まさにそのモザイク性にこそ最大の魅力を感じている。

考えてみると、これまでの専門家による近代建築の評価とは、表現としての一貫性にあったと言えるのかもしれない。つまり、建築家として、あるいは作品として独自のスタイルが終始一貫して指摘できることが正当なものとして評価されてきた。混ざり物がないその純粋な姿こそ、近代主義の正当性を示すものであったとも言えるだろう。

もちろん、たとえば最近話題となったフランク・O・ゲーリー設計のビルバオ・グッゲンハイム美術館など、近代主義（モダニズム）の本質である直線性をあえて逸脱したような特異な外観を見せるものも登場してきている。しかしこれとて、曲面を自在に操るという作品としての一貫した表現を持った、一つの建築作品としてきわめて正当なものということになるだろう。武田五一のモザイク的表現は、こうしたものとも明らかにかけ離れている。

どうやらわれわれは、専門家の「建築」の評価を相対化して、近代建築の「正当性」を改めて問い直す必要に迫られているようだ。武田五一のモザイク的デザインと、それを愛でるマニアたちの情熱が語る意味は、その意味で大きいと思う。

afterword

日本でフェイスブックなどのSNSが一般に広まるのは二〇一一年ごろからだから、その一〇年前の記事である。個人間の電子メールを、SNSのように情報共有や議論の場として使う工夫がすでに始まっていた。建築だけではないだろう。情報や議論を簡単につなげてしまう新しいメディアの普及により、これまで専門家の間で閉じられていたさまざまな概念は、それを利用するユーザーの側から相対化され、議論が開かれようとする事態が始まったのである。もちろん、その後の社会インフラ化してしまうSNSの爆発的な普及は、その事態をさらに明確化させていくことになる。それに従い、「建築」は明らかに変容をせまられるわけだ。この文章が、連載の最初であったことは、実に象徴的なことであると思う。武田五一の作品も、この後、建築文化財の評価の多様性が議論されるなかで、改めて見直されるようになっていく。

02

植田実のエディトリアルクリティーク

二〇〇五年九月二七日付

建築ジャーナリズムのあり方を改めて考えさせる本が、最近、あいついで刊行された。一冊は、宮内嘉久の『前川國男――賊軍の将』(晶文社、二〇〇五)である。日本の近代建築を主導した建築家・前川國男の評伝であるが、多くの紙面を割いて、著者・宮内嘉久の自らの建築編集者としての足跡も綴られている。前川の建築家としての生き様と、宮内のジャーナリストとしての信念が、同じ批評空間とも呼べるなかに存在してきたと、宮内が考えるからだ。

戦後しばらくの間の建築界は、左翼イデオロギーの強い影響下にあったことは確かだ。宮内は、それをジャーナリストとしてリードしつづけた。しかし、そうした政治的枠組みをはずして読んでも、この本に描かれている前川と宮内が示してきたメッセージは色あせてない。端的に言ってしまえば、それは建築家の、人や社会への誠実さを問うものであったと言ってよい。しかし、そうした主張は、現在の建築ジャーナリズムからはほとんど見当たらなくなった。

確かに、イデオロギーが力をもてない時代ではあるが、一方で、そうしたなかでも、建築編集者として、魅力的な仕事を残してきた人物もいる。その特異な活躍の軌跡を追ったのが、『植田実の編集現場』(ラトルズ、二〇〇八)に収められた花田佳明の「編集者・植田実論 建築に抱かれて夢を見る」である。

植田実が一九六八年の創刊から約八年間編集に携わった『都市住宅』は、現在のわれわれが課題として捉える都市に対する認識を、すべて先取りしていたと言ってよい。さらに、植田は「住まい学体系」という、建築から縦横無尽に広がるテーマを扱った単行本のシリーズを編集した。多くの業績を残したというだけではない。彼のその独自なセンスは、多くのファンを獲得し、確実に建築を捉えるまなざしを拡張した。

花田は、この植田の仕事の背後にあるものを丹念に探った。そして、植田実とは、特定の立場からの「批評」でなく、建築ジャーナリズムのなかで「夢」を見ようとした稀有な編集者だと結論づけた。

植田の扱う、作品、建築家、社会的テーマ、いずれもきわめて幅広く、悪く言えば、恣意的で根拠に欠けるようにも見えるだろう。しかし、彼のつくり出す紙面や本の造作には独自なカラーがあり、それが何らかのメッセージを伝えているのも事実だ。

ジャーナリストの仕事は、さまざまな「規制」が存在するが、植田の仕事には、その上位に何らかの「価値」が存在する。それを花田は「夢」と位置づけ、それがあるからこそ、植田の仕事は、根拠が示されていないように見えながらも、あくまで編集者としての「批評」を成立させているのだとした。

この植田の「批評」のあり方を、花田はエディトリアルクリティークと呼んだ。これは、単にジャーナリズムのあり方を超えて興味深い。イデオロギーが批評の根拠となりにくい時代において、編集者だけではない、建築家も含め、直截な主義主張は力を失いつつある。しかしだからこそ、建築家として、編集者として「夢」の存在を確認することが重要となるのだろう。それを、現実のさまざまな「規制」のなかで実現する方法を模索するなかに、改めて「誠実」さが問われることになると思うからだ。

afterword

確かに、かつての建築ジャーナリズムは建築家と共闘するものであった。花田が指摘した、植田実のエディトリアルクリティークとは、そのかつての建築ジャーナリズムを、別のものに変えていくパイオニアとしての仕事であったと言えるのだろう。建築家の思想ではなく、建築とそれをとりまく社会や現象をさまざまな断面から解釈し発信する。しかしその後、ＳＮＳの普及により誰でもが建築を語れるようになると、そうした解釈や発信は、日常的に広がっていくことになり、建築ジャーナリズムは、そのものの存在価値を失っていくことになったとも言えるだろう。それは、建築を「公」の議論として語る場がしだいに失われていく事態も示しているのだが。

03

耐震強度偽装が写し出す状況

二〇〇六年一月一七日付

今回の耐震強度偽装問題では、まだ事件としての全容がよくわからず、責任の所在も明確にはできない。ただ、その背景に、検査機関の民間委託を典型とした政府の規制緩和がある、という指摘はよく聞かれる。確かに、この規制緩和がなければ、この事件は起こらなかったのかもしれない。しかし、この事件の背後には、阪神・淡路大震災後の経験とも共通する、建築をめぐるより本質的な問題が露呈しているように思われる。

建築をめぐる規制緩和は、一九九八年に行われた建築基準法の大改正から決定的な流れとなった。民間機関に、建築確認・検査がゆだねられるようになったのもこの時からだが、それだけではない。基準そのものも、仕様規定から性能規定へ、つまり性能を満たせば工法や建材などがより自由に選べるようになった。この一連の改正により、それまで、仕様により画一的に縛られてきた建築は、より自由に設計できるものとなった。これは、建築に新しい可能性を開くものだったとも言えるだろう。問題は、建築が手に入れたこの自由さを支える、バックグラウンドとしての文化が失われていたということなのではないか。

今回の一連の事件で、最も深刻に思えるのは、データ偽造のマンションを販売した業者が「安さ」と「広さ」で急成長したという事実だった。ここでは建築は、値段や利便性という尺度でしか価値を与えられていない。ここには建築をめぐる文化の貧困が露呈していると言えるだろう。少なくとも戦前まではこの国でも、建築の良し悪しを見立てる豊かな価値観が、多くの人々に共有されていた。戦後、われわれは、この建築を見立てる文化を急速に失ってしまったのである。

阪神・淡路大震災の後、建築史の研究者仲間で、歴史的建築の被災状況を調べて回ったが、この時にも同じようなことを実感した。まだ修理が可能と思われる文化財的価値の高い民家が、次々と「半壊」などのステッカーが貼られ、取り壊されてしまった。もちろん、そこには震災体験による居住者の不安もあったであろう。しかし、職人のネットワークが機能していた時代であれば、木造で傾いた家なら、すぐに大工や左官がやってきて、建て起こし、壁を塗り替えて修理をしたはずである。それが、あたかも壊れた家電製品を取り替えるように、真新しい住宅に建て替えられていった。日本を代表する豊かな住宅文化を育んできた阪神間の風景は、震災の後に多くの部分を失うことになった。

確かに、家電製品のような商品世界にも、文化は築かれてきた。消費社会は、きわめて洗練された消費文化を築いてきたのは事実である。しかし、残念ながらというか、建築は、商品世界に回収されない部分を多く含む。地域や場所から逃れられないものであるから、商品のようにいつでも交換可能な存在になることができない。価格や利便性に還元できない価値を数多く持っている。

もちろん、耐震強度という安全性もその一つだが、それだけではない。その多くは、人々により共有されて初めて意味を持つものだ。街の風景をつくり出すことなどは、その典型である。こうした特性は、公共性という概念で言い換えることもできるかもしれないが、いずれにしても、建築から広がるそうした豊かな価値観を、戦後のわれわれは失っていったのである。

そこには消費の側、つまり建築を使う側から価値を生み出すことが見えてくるのだが、生産・供給の側においても、生産性だけでは計れない価値を建築に与える創意が強く求められなければならないはずだ。

それに対し、最近になって建築のコンバージョン(再利用)や住宅改修のブーム、あるいは風景の価値に法的根拠を与える景観法の施行など、生活者の側から建築の周辺に文化を改めて築いていこうとする機運がようやく起こってきた。ただし、こうした動きも、つくる側の論理に一方的に取り込まれてしまうと危険である。理念は形骸化された規制となり、今回の偽装事件のようなことが、また起きてしまうだろう。規制緩和とは、本来、生活者の側から建築にかかわる手段を導くためのものであったはずだ。建築を支える文化とは、つくる側と使う側が共有できる価値として築くことができるもののはずである。

afterword

耐震強度偽装とは、国土交通省大臣認定構造計算ソフトを改ざんしてマンションなどの構造計算書が偽造された事件。すでに入居済みのマンションなども多数含まれていたため大問題となった。この記事は、「建築季評」の連載コラムではなく、読売新聞に依頼されて、この問題の背景について改めて考えてみたもの。専門誌や専門の業者、技術者に閉ざされていた住宅建築の情報は、ネットの普及もあり、しだいに誰でもがアクセスし選択できるものになっていった。しかし、それにともない、「より安く」「より便利に」という指標だけで判断されてしまう、つまり商品化が極端に進むことも起こった。そのことがこの事件を引き起こしたのではないかと考えた。この問題を受けて、二〇〇七年には建築基準法のさらなる改正、二〇〇八年には建築士法の改正、また改ざん防止機能付きの新たな構造計算プログラムが導入されるなど、審査が徹底的に厳格化されることになった。しかし、それにより手続きの煩雑化や、審査期間の長期化が起こり、住宅の着工戸数が大幅に減少するという事態となった。自由で開かれた環境がつくられつつあるようにみえた建築は、それゆえに逆に厳格に管理されなくてはならない状況をつくってしまうことになったのだ。

04 施主としての行政の介在

二〇〇六年一二月二一日付

今年は日本の建築業界にとって試練の年であった。昨年の耐震偽装、公共事業の大幅な削減、そして今年の相次いだ談合事件などにより、長年にわたり構築されてきた日本の強固な建設事業のシステムは、解体的な変革を迫られるようになった。

しかし一方で、建築生産においてコストや効率性だけが評価されるという体質が変わるかもしれないという期待もある。生産する側も、利用する側も、建築物をもっぱらコスト（価格）で判断するという体質が変わるのではないか。だとすれば、この試練は、この国で根づいてこなかった、建築を文化の一つとして捉える大きなチャンスにもつながるであろう。しかし、そうした変化は今のところ見えにくいままだ。

今年の日本建築学会賞を受賞したヨコミゾマコト設計の富弘美術館では、空調設備の不具合をきっかけにして、設置者である群馬県東村（当時）村長と、この美術館建設を設計者選定から住民参加のプロジェクトとして進めてきた人々との間で、激しい対立が起こった。村長は、設計者の責任を追及し、決まっていた館長が辞任に追い込まれ、さらに設計者側の意向を問わず外構工事を進め、美術館が自主的に担うとしていた運営も、村主導のものに変更しようとした。ここでは、村長の、美術館という地域文化を担う施設への無理解を指摘することができるだろうが、それより重要なことは、ヨコミゾマコトのデザインも含め、住民参加でほかにはない独創的な地域文化施設をつくろうという意思が、最終的に美術館を運営するまでの力を持ち得るものとならなかったことであろう。

今年は、もうひとつ注目すべき美術館が竣工した。七月にオープンした青木淳設計の青森県立美術館である。近年、独立行政法人化や指定管理者制度の導入が進んだわが国の美術館では、効率性や採算性が強く求められるようになった。

そのために、富弘美術館のような対立にまで至らないとしても、美術館建築の質の高さが評価されにくいという状況が目立つようになってきたと思う。青森県立美術館でも、そうした体験をした。

　設計者の青木淳は、この作品において、美術館の宿命ともいえるホワイトキューブといわれる抽象的な展示室空間から逃れることを試み、遺跡のように掘られた穴に、展示室と土の「隙間」を巧みにはめ込んだ。そこでつくり出された空間は、まるで迷路のようになりながら、来館者に、これまでの美術館にはない新鮮な空間体験を提供しようとした。

富弘美術館
(aat+ヨコミゾマコト建築設計事務所設計、2005年)［撮影：大野繁］

　しかし、実際に訪れてみると、オープニング直後で観客が多かったためということもあるのだろうが、館内に多数の案内人が動員されていた。観客にとって、この美術館空間の魅力を知るためには、むしろ少しぐらい迷った方が楽しいはずだ。しかし、どこに行っても、常に決められた順路に従うように指示された。

　もちろん、それは管理者にとって、わかりやすく安全な美術館を提供するために必要と判断されたサービスである。しかし、そこには設計者の企図を汲み取ろうとする工夫が入り込むことはない。ここにも、空間の質が施設の運営を変える力を持ち得ない仕組みがみてとれる。美術館だけではない。コストや効率に代えて、空間の快適さや美しさを、いかに社会的な評価として認めさせることができるのか。これも、建築をつくり出す側に強く求められるようになった課題であろう。

afterword

二〇〇六年を振り返った記事である。青森県立美術館については、今ではこのようなことは起こっていないはずで、オープニングの対応として仕方がないものであったと思う。しかし、施設設置者の側からの介入で建築の総意が受け入れられなくなるというケースは、この後もいろいろ起こっている。最近では、大阪府の岸和田市庁舎建て替えをめぐって、市長が外部有識者でつくる事業者選定委員会の了解なしに、一次審査を通過した三事業者のうち二事業者を失格にし、選定委員の多くが辞任するという事案が起こっている(二〇二一年)。社会のなかで、建築がどのように定位していくのかを考える時、確かに建築をつくる側だけに閉ざされた状況は、大きく変わりつつある。誰もが建築の情報にアクセスできて、議論できるようになってきた。しかし、やっかいなのはそこに施主としての行政、とりわけ首長が介在してくる状況だ。もちろん、建築を一つの文化として理解し、建設事業をリードする首長もいるのだが、建築を、機能を充足するものとしか考えず、その価値は行政の公益性の枠のなかに収まるものであるという認識は、相変わらず変わらないままなのだろう。

05 長谷川堯が建築に求めたもの

二〇〇八年六月二六日付

七〇年代に、そのモダニズム建築批判で注目された建築評論家・長谷川堯の著作が、昨年末より相次いで刊行されている。代表作の『神殿か獄舎か』が三五年ぶりに復刻され、日本の建築家たちの評論集が『建築の出自』『建築の多感』(いずれも鹿島出版会)として刊行された。

ここで注目されるのが、『建築の出自』に唯一の書き下ろしとして収められた建築家・前川國男をめぐる論考である。長谷川にとって、モダニストの象徴的な存在とされてきた前川はもちろん批判の対象であった。しかし、今回その評価を一転させた。神奈川県立音楽堂(一九五四年)や東京文化会館(一九六一年)に代表される前川の作品には、民家などの伝統的な造形にも通じるものが認められる。そうした作品の特徴や言説から、長谷川は前川にモダニズムとは別の質を読み解いたのである。

長谷川は、様式建築としての明治建築と、モダニズムとしての昭和建築に挟まれ評価されてこなかった大正期の建築と建築家に光を当て、それを「大正建築」として評価しようとした。そこに、建築家の自立的な想像力の希求を見いだしたからである。今回、前川にも、その希求する姿勢を認めたのである。だとすれば、「大正建築」とは大正という時代に制約されるものではないことになり、長谷川の新たな議論の展開に期待が集まる。

しかし、ここで改めて考えなくてはならないのは、高度に洗練された消費のシステムが支配する現代では、たとえ「大正建築」が時代を超越するものだとしても、それだけでは建築の自立を実現することがきわめて困難になってしまっていることだろう。生産がリードすることを前提とする近代合理主義建築はもはや意味を失っているが、一方で、強固で巨大な消費システムは、建築から独自の価値を排除しようとする。

現在、東京国立近代美術館で「建築がうまれるとき ペーター・メルクリと青木淳」が開催されている。この展示で驚かされるのは、青木淳の、ある住宅の二〇にもおよぶ思考段階のスタディ模型の展示だ。それは、時系列に並べられているが、少しずつ洗練されていくというようなものではない（そのような作業ならどんな建築家でもやっている）。独創的なアイデアが次々と登場するが、破棄もされていく。そこにあるのは、一貫した理論やイデオロギーではない。建築として良いか悪いかという感覚であり、結果的にその感覚の積み重ねが「作品」となる。そうした感覚こそ、建築が本来持つべきものなのではないか。

「作品」をつくるだけならもはや建築家はいらない。長谷川堯が「大正建築」に見いだした建築家のアイデンティティの希求を現代において実践するためには、まずは、制度やシステムからどうやったら建築が自立できるのか。その方法を徹底して検証することが求められるはずなのだ。

afterword

長谷川堯は、歴史家として一歩引いたところから、時には批判も含めて建築家を論じた。そうした建築史家は日本では珍しい存在だった。建築家を社会の歴史のなかに読み取ろうとする彼の射程は、否応なく現代の建築のあり方にも及ぶことになった。でも、二〇一九年に亡くなってしまった。そして、こうした建築家評論のあり方は、現在になっても現れてこないままである。というよりも、長谷川が建築家に見ようとした積極的に時代にかかわろうとする思想は、今ではほとんど意味を失ってしまったと言えるのかもしれない。

06 復興で起こる建築概念の拡張

二〇一一年一二月二二日付

今年は、東日本大震災を契機として、建築という概念を改めて考えさせられる年だった。これまで、建築のあり方をめぐる議論が建築にかかわる専門家のなかに閉じられてしまっていると指摘されることが多かったが、震災はそうした閉じた状況をいやでも開かせようとしたということなのだろう。

ただし、建築概念を改めて見直そうとする動きは、震災以前から広まりつつあった。日本建築学会の機関誌『建築雑誌』では、一昨年から編集委員長の建築史家・中谷礼仁のもとに「建築の拡張」をテーマにした企画が始まっていたし、復興を語り合う「みんなの家」を設計した建築家・伊東豊雄も、震災前から、それまでのナイーブなデザインをリアルな実態に開こうとする模索が見られた。そうした兆しが、震災により一挙に実体化したと言うことなのだろう。

現在、TOTOギャラリー・間(東京・乃木坂)で開催されている「3 1 1失われた街」展(二四日まで)では、建築家・槻橋修が学生たちに呼びかけてつくり込んだ模型で、被災地の街が再現され注目されている。そこでは、新しい街の計画ではなく、震災前の姿が細密に再現されているのだ。これは、旧来の、新たに建設する街にこそ希望を見いだそうとする土木国家的発想への批判にもなりえている。今回の震災を受けた建築家の行動には、こうした開発主義への批判が共通して含まれる。

そこで議論されているのは、開発主義によって閉ざされてきた建築にかかわるさまざまな「知」を、建築の領域を越えて、改めて認識しようとする試みである。

現在、関西を拠点とする建築家六人が「中之島デザインミュージアム」(大阪・中之島)で「つながる建築・ひらかれる言葉」をテーマに「KANSAI 6 大阪展」(二五日まで)を開催している。そこでは、哲学や美術など他領域のゲストとのリレートークも組まれているのだが、とりわけ建築家・米田明が、

Wikiのようにインターネット上で知識を集積するシステムを分析している江渡浩一郎と行ったトークは興味深かった。確かに、こうした新しい「知」のあり方は、建築から創出されたアイデア（パタン・ランゲージなど）に影響されたものなのだ。

反原発のうねりも含め、従来の経済優先の開発志向を見直す機運が高まるなかで、建築概念が持っている可能性が改めて認識されることが起こっている。そしてそれは、建築を社会的に開かれた存在に変えていく動きにつながっていくことになるのだろう。

afterword

東日本大震災の年の年末に書いた記事である。確かに、この後しばらく建築の概念をめぐる議論は盛んになった。中谷礼仁は、美術史家ジョージ・クブラーの『時のかたち——事物の歴史をめぐって』（二〇一八年・鹿島出版会）を翻訳し、クブラーの「意味」や「様式」でなく「かたち」から歴史を捉えるという有形論に、建築論の本質を見ようとした。あるいは、建築史の青井哲人は、都市と建築のあり方を、分子生物学のアプローチを借りてダイナミックに捉えようとしながら、津波被災地の調査を経て、改めてつくる意思や介在する政治にも、建築の本質が宿っていることを見ようとした。こうした建築概念の再発見は、確かに建築以外の学領域と共同することで進んでいったと言えるのだが、被災地の現場は、まさにそうした他領域からのアプローチが求められる場であったということなのだろう。しかし、こうした思索が、実際の復興事業や開発事業にどのような影響を与えたのか。まだ判断は難しい状況だ。

07

問われる建築の記念性

二〇一二年一二月二七日付

今年は、東京に現れた二つの建築が話題となった。一つは、復原されたJR東京駅であり、一つは東京スカイツリーだ。東京のシンボルの再生と、世界一の高さの電波塔。共通しているのは、どちらも都市の記念的建築となるものであったことだ。建築家ザハ・ハディドの流線型の特異な造形が、二〇二〇年のオリンピック招致をめざして行われた新しい国立競技場の国際コンペで選ばれたのも、東京の新しいシンボルの創出を見据えた結果であろう。

確かに、建築は本来的に、こうした記念性を都市に与えるという役割を担っている。しかし、今年は別の意味での記念性を考えさせられる事態にも直面した。宮城県南三陸町の防災対策庁舎など、東日本大震災の被害を象徴する建物を震災の記憶を後世へ伝える「震災遺構」として残す動きが出たことと、それに対する反発である。これは、言ってみれば、負の記念物である。祝意を示す記念建築のまったく逆を向いている。しかし、広島の原爆ドームの保存でも了解できるように、こうした記念物もわれわれには必要である。

一方で、こうした記念性を別の意義を建築に持たせようとする動きも、震災を契機に登場した。建築家の伊東豊雄が被災地の仮設住宅に、人々が集れる場としてつくろうとする「みんなの家」プロジェクトもその一つだろう。これはヴェネチア・ビエンナーレ建築展の金獅子賞を受賞したが、その表現は、あまりにも穏やかで「普通」である。そこには、特徴的な姿をあえて排除することで、建築の記念性を逃れようとする意思を読み取ることができる。

記念碑ではなく、日常の風景のなかに建築を見いだす。それは、建築の保存にも波及しつつある。モダニズム建築物の修復・保存の活動に与えられる「二〇一二年ワールド・モニュメント財団／ノール モダニズム賞」を受賞した愛媛県八幡浜市立日土小学校の保存運動は、その最も優れた例だと言えるだろう。日土小学校は、八幡浜市の技師であった建築家・松村正恒が設計し、一九五八年に完成した木造校舎である。モダニズムの造形を使い、素朴だが豊かで美しい学校空間をつくっており、その改築計画に対して研究者や建築家が長年にわたる保存活動を続け、修復保存が実現したのである。

確かに、モダニズムの建築でも記念碑的と言える建築作品も存在する。しかし、その大多数は、われわれの目常の生活とともに「普通」に存在しているものだ。日土小学校も、まさにそうした普通の建築の一つである。しかしだからこそ愛おしい。記念碑にはならない、そうした建築の価値はどのように評価し、価値付けていけばよいのか。これも今年、われわれにつきつけられた課題となったと思う。

日土小学校の校舎(松村正恒設計、1958年)

afterword

二〇一二年を振り返る記事だが、この時点ではザハ・ハディドの国立競技場案白紙撤回へと至る批判はまだ盛り上がっていなかった。それにしても、この後のザハ・ハディド案撤回は、当時の建築的、あるいは政治的批判を越えて、建築に何を託すかという社会的期待における一つの大きな変換点を示すものとなったのだろう。それに代わる設計が、「負ける建築」を標榜する隈研吾の設計に落ち着いたことがそれを象徴している。これ以降、都市に突発して現れる特異な姿のモニュメント、つまりここで言っている記念的建築は、ほとんど現れなくなった。というよりも、求められなくなったわけだ。それよりも、日土小学校のように、既存の建築や空間を丁寧に手を入れ、活用できるようにすることが、都市の記念的事業になっていったということであろう。

08 アバンギャルドをどう理解するのか

二〇一三年一一月二六日付

二〇二〇年東京オリンピック・パラリンピックの主会場として建て替えられる国立競技場のデザインや規模をめぐって議論が続いている。

先日、その国際デザイン・コンクールの審査員の一人であった建築家の内藤廣から文章が出された。ザハ・ハディドのデザイン案に決まったのは、東日本大震災後の状況の中でザハの案にある生命力を高く評価した結果であるとし、神宮外苑の景観や歴史性に配慮を欠くという批判については、その妥当性は認めつつも「分かりやすい正義」でしかなく、建築的な議論の深化にはつながっていないと指摘した。

内藤は、ザハと同様に自由曲面のデザインを駆使するフランク・O・ゲーリーのビルバオ・グッゲンハイム美術館（スペイン・一九九七年）を挙げて、その建築的評価とは別に「好き嫌いを越えた戦略的な発想」も学ぶべきではないかとした。確かに、この建物の特異な造形は、都市の再生に貢献することになったことは事実だ。

世界中に美術館を展開するグッゲンハイム美術館には、建築の造形に美術館の魅力を託す戦略があり、そこにきわだった造形が要請される。国立競技場の問題の根本は、そうした戦略やコンセプト、さらにはその責任の所在も、根拠もはっきりしないという点にあると言えるだろう。

しかしながら、グッゲンハイム美術館ですら困難をかかえるようになっている。二〇〇四年に台湾の台中市長がグッゲンハイム美術館誘致を計画し、ザハ・ハディドによる造形の設計案が話題となったが、市議会が計画を否決してしまう。市が負担する建設費がビルバオの二倍以上になり、それに見合う誘致の価値が認められなかったのである。

建築をつくるプロセスに、社会的・公共的な観点からの慎重な検討が要請される事態は確実に進みつつある。だとすれば、ザハ・ハディドに代表されるような特異な表現は、これから求められなくなっていくのだろうか。今年の日本建築学会の作品賞では、珍しいことだが該当作品がなしとなった。確かに、それも時代を切り開くような新しい造形をつくり出すことが困難な時代となった状況を示しているとも言えるのかもしれない。

　国家的イベントとしてのオリンピックに向けて、あえて新たなインパクトを持つ空間を創造するというコンセプトは、あり得てもよいはずだったと思う。しかし、そこに期待される大胆さは、慎重に準備された手続きと責任体制があって初めて実現できるものとなる。この国立競技場の改築だけではないだろう。そうした体制を構築できないという状況が、新しい建築の創造を阻んでいると言えるのだろう。

国立競技場 ザハ・ハディド案（2013年）

afterword

この後、建設費高騰などの批判も加わり、ザハ・ハディド案は白紙撤回されることになったわけだが、五十嵐太郎が監修した「インポッシブル・アーキテクチャー――建築家たちの夢」展（二〇一九〜二〇二〇年、国立国際美術館）では、共同設計者の日建設計に残された膨大な図面や風洞実験のための模型などが展示され話題となった。建築に携わる人々からすれば、やはりあの造形を実際に見てみたかったという思いは確かに残った。しかし一方で、あのデザインを支える根拠が不在であるということも、時間が経つにつれ改めて認識されたと思う。あのデザインがかつてのアバンギャルドの潮流からの参照であると説明されても、今ではそれは何の根拠にもならないわけで、だからその過剰さが、宙に浮いてしまう。

09

理論の不在のなかで登場する新しい技術

二〇一五年六月二五日付

大学における建築教育で新しい取り組みが見られるようになってきた。それは建築理論が変わったからではない。建築理論が見いだしにくくなってしまったという認識からだ。

東京大学建築学専攻では、教授で建築家の隈研吾が中心となり、Advanced Design Studies (T_ADS) の総称のもとに、いくつかのラボが設けられ活動を始めている。

二〇一三年一二月に、槇文彦、磯崎新、原広司という大先輩の建築家を招いて「これからの建築理論」というシンポジウムを開催した。三人の話は、確かに理論の不在という点で共通していた。

今年六月には、磯崎新が総括者となり、一枚の自由な面で構成される建築（コンティニュアス・アーキテクチャー）を考えるシンポジウムが開催された。そこでは、その先駆となった横浜港大さん橋国際客船ターミナル（アレハンドロ・ザエラ・ポロ、ファシッド・ムサヴィ設計）に着目し、コンピューターによる設計技術により可能となったこうした建築形態をめぐって、その建築理論としての可能性について議論された。

一方、京都工芸繊維大学でも、文科省の国立大学機能強化の支援を受けて、京都デザインラボ (KYOTO Design Lab) が昨年度に組織された。こちらは、同校のデザイン学と建築学の実践的な実績から、海外での活躍が顕著な大学・研究機関との共同研究を進めようとするものだ。研究室をそのまま誘致する「ユニット誘致」にも取り組んでいる。

建築理論の構築をテーマにしているわけではないが、海外ユニットと共同で取り組む課題は、いずれも従来の建築理論には収まらないものばかりである。デジタル技術だけでなく、音や光、熱といった環境、あるいは素材そのものなど。スイスのチューリッヒ工科大学から招いた建築家たちと取り組んだのは、都市の目に見えないインフラとしての〈食〉に注目することだった。観光客でごった返す京都の錦市場を学生たちと調査したりした。

建築を正面から捉える理論を構築するのは容易ではないし、それがどれほどの意味を持つのかもわからなくなってきている。その背景として、都市そのものが複雑になり、建築と都市を一体なものとして体系的に捉えることが困難になった状況がある。しかし、いったんこれまでの建築の概念から離れてしまうと、建築や都市で生起している現象を丹念に観察することはできるし、そこから従来にない着想を得ることもできる。建築教育も、知識や知見を集約し体系化するというこれまでの方法を見直していく必要があるのだろう。

横浜港大さん橋国際客船ターミナル
(アレハンドロ・ザエラ・ポロほか設計、2002年)

afterword

コンピューターやAIを使った設計は、この後もさまざまに試みられるようになってきた。しかし、造形の根拠となる理論が不在である、という状況は変わることがない。その一方で、新しい技術は、建築の意味や価値を変えるかもしれない、という状況が生まれつつある。KYOTO Design Labで、初めて建築の点群描画の作成を体験できたが、3Dスキャナーを駆使した点群データは、景観評価、歴史建築の保存など、さまざまな場面で使われるようになってきた。コンピューターを駆使したコンティニュアス・アーキテクチャーなどは、あくまで設計側の技術革新であるが、建築や空間の理解の仕方を変えてしまうかもしれない。点群データのような技術も、さらに革新的なことなのかもしれない。

10

ザハ・ハディド案の象徴性をめぐる迷走

二〇一五年九月二四日付

新しい国立競技場の建設で、今月四日に締め切られた設計・施工を一括発注する「公募型プロポーザル」に二つのグループが参加の書面を提出した。

この公募について、建築家たちから批判が出た。多くの建築家が加盟する日本建築家協会は、応募条件を満たす施工業者がごく少数に限られるため、そこと組めない建築家の参加は「事実上困難」であるとして、遠藤五輪相らに意見書を提出している。建設行為の質を担保するためには、設計と施工を分離するべきであるという主張は、建築界でも長年なされてきたことでもある。

振り返って考えてみると、今回の一連の経緯は、建築の設計という行為の価値が失われていく過程であったと言えるのではないか。それは、建築家という職能を危うくしてしまうものでもある。

旧計画で選ばれたザハ・ハディド氏の設計案に対して、最初に投げかけられた批判はあくまでもそのデザインに対するものだった。建築家の槇文彦氏の提起から始まった批判では、ハディド案が神宮外苑の歴史的景観を破壊することをもっぱら問題とした。面積や工費が過大であることも指摘されていたが、あくまで巨大でインパクトのあるそのデザインが批判の対象となっていた。

しかし、その後、批判はひたすら工費の過大化と、その原因となった仕組みや手続きの杜撰さに集中してしまうことになる。キールアーチという専門用語も、その特異なデザインではなく、いかに工費がかかるかという点で有名になった。その時点で、槇氏のもとに集まった建築設計の専門家たちも発言が少なくなっていく。問題がデザインではなくなっていったからだろう。

その点から、ハディド氏が日建設計と組んで、今回の公募型プロポーザルに応募する準備を進めていると表明した際には、少しほっとした。工費の問題などをクリアしたとして、改めて彼女のデザインの質が議論されることになると思われたからだ。それなのに、結局ハディド氏も参加できなかった。彼女も今回の応募条件が「参加を望んでいる多くの建築家を制限している」と批判するコメントを出した。

旧計画のデザイン・コンクールの審査委員を務めた建築史家の故鈴木博之氏は、雑誌上で槇氏らの批判に対して丁寧に反論し、五輪のメイン会場をつくる限りは、記念性や祝祭性が求められるはずであり、ハディド案はそれに応えるものだったとした。建築史家として歴史的景観の重要さは理解するが、それを大きく変えるものがあったとしても、最観全体としての連続性を考えていけばよいはずだともした。

一九六四年の東京五輪とはまったく違う社会環境のなかで、建築の記念性や象徴性をどう捉えていけるのか。今回の国立競技場建設の問題では、建築のあり方を問う議論も進まないといけないはずなのだ。

afterword

国立競技場ザハ・ハディド案の白紙撤回の後のプロポーザルについて書いた記事だ。ワイドショーも含め、工費の問題が徹底批判されることで白紙撤回となったが、あの過剰とも言えるデザインを、祝祭的、記念的なものとして評価することも理解できる。だとしても、そもそもザハ・ハディド案のあの造形には、時代的な根拠が見いだせなかったことも事実だ。なぜあの形なのか。それに代わり登場した隈研吾の国立競技場は、木を巧みに使うなど、時代の表現に落とし込むことに成功していると言えるのだろう。それにしても、もし仮にザハ・ハディド案の国立競技場が実現していたとすると、その姿は今回のコロナ禍でのオリンピックの危うさ、理不尽さを象徴するものとなったのかもしれない。

11

場所に「還る」は街の再生になりうるか

二〇一六年三月二四日付

いま建築に求められているのは「場所に還る」ことなのだろうか。

東京のTOTOギャラリー・間で開催された建築家・岸和郎の作品展のタイトルは「京都に還る_home away from home」だった。岸は、建築家として大学教員として四〇年以上京都にかかわりつづけてきた。そのことの意味を振り返り、改めて京都に還ろう! と決めたのだと言う。場所や環境への適応は、隈研吾設計の国立競技場もそうであるように、建築の最も重要なテーマとなっているが、「還る」はそこからさらに踏み込んだ思いだと言える。

もちろんそれは、建築家だけのものではない。たとえばクリエイティブディレクターの箭内道彦が、出身地・福島にかかわりつづけるなど、東日本大震災から五年をむかえた現在、東北という場所への思いを糧とする活動が多様な分野で確実に広まりつつある。

さらに、そうした思いは、故郷への憧憬といった単なる心情的なものだけでもなくなってきている。マネーゲームの限界を見据えて、荒廃した土地の再生に投資する社会的貢献投資(ソーシャルインパクト)が注目されるようになったが、これも場所にマネーが還る現象であるとも言えるだろう。

ただし、それは荒廃地域をすべて建て替えてしまうような従来の地域再生とは異質なものだ。米・ボルティモアなどソーシャルインパクトの先駆的例として知られるケースでは、廃虚となった工場や商業施設があえて地域拠点として再生されている。あくまで、場所がつくり上げてきたものに「還る」ことを目指しているのだ。

個別の建築設計においても、そうした事例は増えてきている。最近、台湾・台中の駅近くで、古いビルを再生し人気を集めるカフェを見つけた。台中には、伊東豊雄設計の革新的な造形の台中メトロポリタンオペラハウスが、市役所などがある新興エリアにオープンして話題になっているが、一方で駅周辺の地域には廃虚になったビルがいくつも放置されたままである。それを地元の菓子メーカーが、「宮原眼科」や「第四信用合作社」など、古いビルの名称を残した店舗としてよみがえらせ、それが周辺の再開発の契機となりつつある。

建築は、場所の再生を担うものになりえる。そう考えれば建築の出番はまだ十分にありそうだ。

台中のリノベーション・ビル（第四信用合作社）

afterword

かつてケネス・フランプトンは、批判的地域主義を提起した。近代主義により失われた地方的特色を素朴に安直によみがえらせようとする試みは、むしろ地方を抑圧するとした。ここで紹介している「還る」という考え方は、それには当たらない。そのことが重要だったのだろう。都市再生の思いが、地方が持つ固有性に着目し、それと調停しながらも、普遍的な設計理念や手法によって都市を変えようとしていく。地域の固有性に新しい価値を見いだしていくこうした取り組みは、この後も確実に波及していった。観光地が、どこもステレオタイプ化して、見るものは違うのに、体験がどこでも同じに感じてしまううんざりする状況が、確かに少しずつ変わりつつある。

12
VRゲームがもたらす建築の「民主化」
二〇一六年九月二九日付

「ポケモンGO」の世界的な熱狂ぶりには、人間と環境に新たな関係が生まれているようすを見いだせないだろうか。

このゲームは、現実の場所と仮想現実（VR）を重ねてしまっている。これは、現実世界に情報を加える拡張現実（AR）技術の応用と捉えられるが、先日、お台場に珍しいキャラクターが出現し、ファンが殺到して警察が出動した混乱などを見ていると、現実が拡張されているのではなく、ゲームに現実の方が引っ張られてしまっているようにも感じられる。

建築におけるARの可能性を追求しているマサチューセッツ工科大学の長倉威彦は、いま京都の社寺を「三六〇度動画」で捉える試みを続けている。この技術は、全方位カメラで撮影することで、撮影対象を好きな視点から見ることができるようにするものだ。それを見せてもらったが、特に建築物の内観がすごかった。自由な方向から認識できる体験からは、現実の建築があたかも仮想現実になってしまったかのように感じられた。この体験も現実のVR化と言えるのかもしれない。

一方、VRの世界でも新たな現象が起こっている。仮想空間のなかに建造物を構築していく「マインクラフト」というゲームが、「ポケモンGO」のように世界的にブームとなっている。ゲームと言っても、プレーヤーはいかに緻密で壮大な建築をつくるかに熱中し、「設計図」つきの指南書も多数出版されている。専門家の手を離れて次々に建築が「建設」されているのである。

重要なことは、これらを支える技術が、ゲームとして誰でも使えるようになっていることだ。三六〇度動画も、すでにユーチューブなどで誰でも体験できる。われわれを取り巻く現実の環境は、いまや仮想現実を通じて容易に接続し共有できるものとなった。

このことは、東大の松村秀一が指摘する建築の「民主化」を示すものとも言えるだろう。松村は、人々が知識や経験を交換・共有し、環境を自らの意思でつくり出そうという新しい状況を「民主化」と捉えようとする。

容易に環境を共有し評価できてしまう現実の仮想現実化も、その現れの一つと理解できる。「ポケモンGO」は環境をつくり出すわけではないが、少なくともその熱狂は、人々を現実の環境に向かわせている。その熱狂を、いかにして具体的な環境の創造につなげていけるのか。そこに建築家の新たな仕事が生まれる可能性がある。

afterword

ひところの爆発的な人気ではないにしろ、「ポケモンGO」も「マインクラフト」も、今でも人気のゲームである（「ポケモンGO」は二〇一九年には世界累計ダウンロード数が一〇億を突破したという）。かつて驚異の世界としてあった仮想現実は、すっかりそれを楽しむ世界として普及してしまった。二〇一九〜二〇二〇年に「インポッシブル・アーキテクチャー——建築家たちの夢」展が開催されたが、そこに集められたのも、実現されなかったものとしては、仮想現実の表現であったと言えるだろう。しかしその表現は、VRに比べればまるで不完全なものと言えるわけで、でも、だからこそ現実から何段階も離れて、建築家の「夢」を実験的に表すことができた。「ポケモンGO」や「マインクラフト」のVRの世界は、それ自体がリアルな世界になってしまっている。しかし、それにより現実の空間を捉えるわれわれの感覚を大きく揺さぶりつつある。三六〇度動画では、それを捉えるカメラが簡単に入手できるようになった。これで捉える映像は、これまでの視覚体験とはまったく異なる空間の理解をわれわれに与えつつある。

13

建築の創造性の質的転換

二〇一六年一二月二九日付

昨年の新しい国立競技場や今年の豊洲市場のように、最近、建築をめぐる議論がワイドショーなどでも扱われる日常的な話題となることが多くなった。ただしその話題は、計画手法やデザインについてというよりも、もっぱら事業者の責任問題や行政的手続きの不備などについてである。しかし、そうした議論が広がるなかで、建築がしだいに窮屈な立場に立たされてきたように感じてしまう。

一方で、今年は「ポケモンGO」やアニメやドラマのゆかりの地を訪ねる「聖地巡礼」で、多くの人がさまざまな場所に出向く現象が起こった。それは、フィクションの世界とリアルな空間を重ね合わせることのおもしろさが発掘されたと言えるのだが、実際にはリアルな場所が、ゲームやストーリーに紐づけられてしまったとも理解できる。現実の場所そのものに魅力が発見されたのではなく、フィクションがリードして場所が価値づけられるのだ。

ワイドショーで悪者になってしまう建築にも、同じような解釈ができるだろう。建築が公共事業という大きなシステムに強く紐づけられてしまい、そのシステムの枠組みのなかでしか評価されず、さらにはシステムが持つ矛盾や不具合が建築の問題としてすり替えられてしまう。

国立競技場の最初の設計競技で選ばれたザハ・ハディドの案はその躍動感や高揚感が評価された。そうした評価は、いまや誰からも（少なくともワイドショーでは）支持されないだろう。今まで見たこともないような建築を見てみたいという建築そのものに対する評価は、工費や事業の合理性からの評価のなかに埋没してしまうのである。

もちろん、これまで建築の専門性のうちに閉ざされてきた建築の意匠や技術の話が、広く人々に開かれていく過程は評価されなくてはならない。誰もが建築を語るという状況は、望ましいあり方だ。また、「聖地巡礼」で人々がさまざまな場所にくり出すというのも、新しい観光のあり方の発掘という点からもおもしろい。しかし、そうなることで、建築や場所が独自に新しい魅力や価値を創造していくことが難しくなる状況が生まれているのではないか。しだいに、ほかの制度やフィクションに縛られていくように思えるのだ。

一方で、古い商店などを再生させるリノベーションや、場所の使い方をデザインするコミュニティ・デザインなどが目立つようになってきたが、これは逆に、リアルな場所や建物から、周りの仕組みを変えていこうとする試みである。それは、まだまだ小さな単位での実践でしかないが、場所や建築の自律性を確信できるという点において、そこには窮屈さのようなものは感じられない。

afterword

二〇一七年を振り返る年末の記事。これ以降、ワイドショー化する建築の話はなくなった。それは、国家的規模の案件がなくなったからとも言えるのかもしれないが、一方で、隈研吾に代表されるような、なぜこのような建築になるのかという正当性を、きちんと物語として語ることが常に求められるようになったからだとも言えるのだろう。建築が場所を変える革新となるのではなく、場所の物語のなかに位置づけられる存在になる。この記事で嘆いた、失われていく建築の創造性・自立性は、それまでの革新的建築とは違うかたちで新たに獲得されるようになったということだろう。最後に書いたリノベーションや地域再生が、建築のテーマとしてさらに重要なものになっていくことも、その新しい形での創造性の波及である。

14

手描き図面の価値はどこに

二〇一八年九月二七日付

先日、二つの建築展が会期を終えた。どちらも、改めて建築のあり方を再認識させてくれるものだった。

一つは、森美術館(東京・六本木)の「建築の日本」展である。確かに、いま日本の建築は、国際的に高い評価を得ている。それをつくり出す日本の建築文化とは何か。古建築から現代建築まで横断的に理解しようとする意欲的な内容であった。図面や写真だけでなく、原寸大の模型まで作成して構成したその展示は、きわめて斬新で、建築を見る新しい眼を開かせてくれるものだったと言ってよい。来場者も五〇万人を超え、実際に大きな反響を呼んだ。

一方で、展示規模ははるかに小さいものだったが、国立近現代建築資料館(東京・湯島)で開催された収蔵品展「建築からまちへ1945–1970」も見応えがあった。坂倉準三、池辺陽、吉阪隆正、大高正人など、戦後の一時代を築いた建築家たちが、都市の設計に挑んだ図面を展示したものだ。資料館でもあり、とりわけ工夫した展示構成がなされていたわけではないが、それでも圧倒されたのは、図面の迫力だ。建築の表現が、そのままの密度で都市へと拡大されている。

この近現代建築資料館は、二〇一三年に文化庁が開館したものだ。近年問題となった公文書の廃棄などと同根のことであろうが、わが国では建築設計に関わる資料の価値が理解されず、散逸する一方であった。そこで、緊急に保護が必要な資料の収集と保管を目的として開館したのがこの資料館である。収集資料を使った調査研究にも取り組んでいて、その成果が収蔵品展として公開されるようになっている。この展覧会でも、建築家らの戦後の都市復興の構想が「都市へのまなざし」として分析されている。

「建築の日本」展で示されたのは、建築空間を生み出す独創的な構想力である。建築は、その構想力があって初めて形になることが改めて認識できた。一方で、近現代建築資料館で

池辺陽「渋谷区復興計画案・中心地区計画一般計画図」1946年［文化庁国立近現代建築資料館所蔵］

展示された図面は、一貫してル・コルビュジエ以来の近代主義の空間が提示されており、構想力としての幅は広くない。しかし都市という複雑な社会に果敢に挑もうとする思いが、図面の迫力として見る者を捉える。

　建築は、構想力だけでは生まれない。それを社会的に定位させるために、緻密で説得力を持つ表現力が求められる。とりわけ、それが手描きの図面に託されたさまは、ＣＡＤの普及で、媒体としての図面の持つ意味が希薄になりつつある今、改めて見直すべき価値を持っていることが実感された。

afterword

今はもう手描きの図面を建築の現場で見ることはほとんどなくなってしまった。しかし、手描きの表現の迫力に、今でも魅了されるのはなぜだろうか。国立近現代建築資料館で、開催された「紙の上の建築——日本の建築ドローイング」展ではプレゼンテーションのために描かれたドローイングが展示されていたが、それは実際の作品とは別の、それだけで独立した表現にさえなり得ていた。建築のデジタル化を決定的にしたのがＢＩＭの普及であろうが、そこでは図面やドローイングだけ取り出すことはできても、それは全体のシステムに連動しており、独立した表現としての意味は持ち得ない。しかし建築は、いくら設計をシステムのなかに構築できたとしても、最後にはモノとして現れる。その存在感に対応できる表現として手描きの迫力は何かを語りつづけるのだろう。ＢＩＭによってつくられる設計も、設計図などとは別のかたちで表現できる方法が見いだされなくてはならないのかもしれない。

15 アフターコロナでの建築のゆくえ

二〇二〇年三月二六日付

新型コロナウイルスの感染がどこまで広がるのかは、まだ予断を許さない状況だ。しかし、一方で感染拡大の後にやってくる世界についての議論も出はじめた。「アフターコロナ」という言葉も浮上してきている。これまでも、甚大な災害は何らかのかたちで社会のあり方を変えてきた。

今回、その変化の契機となるはずなのが、テレワークやオンライン学習など、ネットワークを使った在宅生活だ。東日本大震災では、SNSが社会インフラにまでなったという指摘もあるが、今回はそれを支えたネットワークが、情報だけでなく人々の生活のありようにまで深く入り込んでくる事態をのぞかせている。

その生活スタイルに「巣ごもり」という表現も使われているが、一方でSNSでは、満員電車に乗らないですむし、電話やメールのやり取りで全部すむし、いままでどれだけ無駄な仕事をしていたのだろう、という感想もつぶやかれている。福岡市の高島宗一郎市長が「役所の窓口に来なくていいように、オンライン手続きを進めます！ アフターコロナは今より便利な社会に！」と発信したことも話題となった。

今のネットワーク環境があれば、オフィス、学校、役所などに、わざわざ行かなくてもよいのではないか。その方がむしろ効率性が高いのではないのか。もちろん、対面することが不可欠の場面もあるし、学校における集団生活の学習も欠くことはできないが、そうした場面を除けば人々が集まることは非効率だし、止めることもできるという実感が広まりつつある。

これは脱集合化、つまり人々が集まることで一つの集合がつくられるという事態が消えていくことを示していると言えるだろう。しかし、そもそもそうした集合の場所を機能的に魅力的につくり出すことが建築の仕事であったのではないのか。実際にこれからは、機能的な役割しか持たない施設には建築的な工夫は求められないようになっていくのかもしれない。

　それでも集うことで空間を共有することの価値は残る。というよりも、その価値が改めて認識されるようになっていくことが、一方で起こるはずだ。写真は、岩手県陸前高田市に二〇一九年にオープンした東日本大震災津波伝承館である。負の記憶を祈念するという困難な課題に、あえて津波をもたらした海に向かって象徴的な空間をつくっている。ここでは、空間を共有する価値が新しく創造されている。

東日本大震災津波伝承館「いわてTSUNAMIメモリアル」
（設計：プレック研究所・
内藤廣建築設計事務所設計共同体、2019年）

　しかたなく集うのではなく、集うことに価値を見いだす空間はどのようにつくれるのか。そこに新しい課題を見いだすことが求められることになるのだろう。

afterword

この記事が二〇二〇年の三月に書かれたものであることに注目したい。まだ最初の非常事態宣言（二〇二〇年四月）も出される前である。その時点で、アフターコロナなど話題にしているということは、コロナ禍に対して、いかに甘い判断をしていたかを露呈しているわけだ。このあと、一年半以上、さらにコロナ禍は深刻な事態となっていった。ただ、ここで指摘したオンラインによる在宅生活や効率性・利便性の向上などの現象は、さらに広がっていった。そして、この段階で指摘した脱集合化という現象も、おそらくコロナ禍の終息を経て確実に進んでいくであろう。人を集めて閉じ込めるというイメージを持たない建築とはどのようにつくれるのか。それは確実にテーマとなっていくはずだ。

16 近代主義そのものを問うことになったのか

二〇二〇年一二月二四日付

昨年末に開場した新しい国立競技場は、この一年をいろいろな意味で象徴する建築物であるように見える。オリンピック・パラリンピックの主会場として建設されたが、コロナ禍により一年間待たされたままだ。その空疎さが、この一年を物語っていると言えるわけだが、どうもそれだけではない。

この競技場の設計をめぐって、ザハ・ハディド案の白紙撤回の騒動があったが、それはコロナ禍を経てものすごく昔のことのように思えてしまう。建築評論の飯島洋一は、今年著した、一〇〇〇頁に近い論考『アンビルトの終わり』(青土社、二〇二〇年)で、このザハ案の挫折は、ハイパー資本主義の行きつく果ての破綻を示すものだと指摘した。あらゆるものが商品化されるなかで、あの過剰なデザインには、それを裏づける思想的根拠が失われており、それが拒絶されたことに、暴走する資本主義の破綻を見ようとしたのである。

ザハの設計は、アヴァンギャルド・デザインとして見れば優れたものであると評価できるであろうが、確かに、そのデザインだけが切り出されて宙に浮いたようにも見えてしまう。あらゆる価値が、市場での商品価値に変換されてしまうなかで、建築設計という職能も、商品としてのデザインの部分でしか評価されないものになってしまっているということだろう。かつて建築家が持っていた、さまざまな社会的要件を総合して造形にまとめあげるという能力は必要とされなくなっているのだ。

その点で、隈研吾によって設計された国立競技場は、木材の多用に象徴されるように、いまの時代に接続しようとするデザインの意思を感じることができる。しかし、それでもなお、このコロナ禍では、その姿にどこか落ち着かないものを感じてしまう。

そもそも、「三密」は、近代化がもたらしたものである。国家が国民を統合し、近代交通が人々の移動を自由にし、都市に多くの人が集まり、多数が一堂に集う公共施設がつくられてきた。もちろん、だからこそ公衆衛生という観念も生まれたのだが、今回のようなパンデミックにさらされると、一つの大規模空間に不特定多数の人が集まるという近代建築の様態そのものに、危うさを感じるようになってしまう。この競技場だけではない。規模の大きさや高さが、必ずしも建築の魅力とはならなくなっていくのではないか。

国立競技場
（大成建設・梓設計・隈研吾建築都市設計事務所共同企業体設計、2019年）［提供：独立行政法人日本スポーツ振興センター］

コロナ禍があぶり出したのは、グローバル資本主義の危うさだけではない。同時に、それをつくってきた基盤である近代主義、そして近代建築自体のあり方が改めて問われる事態も起こっているのであろう。

afterword

コロナ禍の二〇二〇年の一年を振り返って、それを象徴する存在となってしまった国立競技場について書いた。しかし、単に二〇二〇年だけのことではないだろう。コロナ禍の経験を経て、建築がどこまで変わるものなのか。その変化の振れ幅を考えるうえでも、ザハ案の白紙撤回の経緯も含めてこの建物が語りかけることは重要である。大規模建築の機能は引き続き求められることになるだろうが、何らかの変化は求められる。それは単に、閉鎖的な質感を払拭しようとするイメージの見直しというレベルで終わるのか、あるいは最後に指摘したような、近代主義とそれによる造形そのものの見直しにまで至るのか、いずれにしても、ポストコロナには建築にはなんらかの変化が求められることになるはずだ。

第二章

都市空間の方法

建築をとりまく社会環境の変化は、建築をつくり出す術が、狭い意味での設計だけに閉じられるものではないことを顕わにしてしまう。建築設計のなかで獲得されてきたビルディングタイプは、ほとんど役に立たないことになり、そもそも設計しようとする建築がどのような施設であるのかから問われるようになる。そのことは同時に、クライアントである国、行政、事業者の構想力と責任が強く問われる事態ともなっていく。建築はどのように構想されるべきなのか。そして、その問いは、とりわけ阪神・淡路大震災、東日本大震災の復興事業、さらには疲弊した都市の再生事業において強く問われるようになっていく。そこにさまざまな提案が見られるようになるのだが、その多くは都市空間を扱う事業のなかで発現することになった。

01

プレイス・メイキング

二〇〇〇年六月二九日付

一九九〇年代以降、巨大な規模を誇る複合商業施設が全国で次々とオープンしている。主なものでも、サッポロファクトリー（一九九三年）、キャナルシティ博多（九六年）、クイーンズスクエア横浜（九七年）、品川インターシティ（九八年）、マイカル小樽、博多リバレイン（ともに九九年）などが挙げられる。

　これらの施設デザインに共通していることは、巨大な建築だが外観には特徴がなく、代わりに内部の空間が見せ場となっていることである。確かに、一九世紀末のパリに登場した近代商業施設の原点ともいうべき百貨店「ボン・マルシエ」でも、巨大な吹き抜け空間が人々の消費を喚起するために用意されていた。しかし、近年つくられる大規模商業施設の内部空間は、単に大きいだけではなく、さまざまに演出された特徴を持っている。最近では、新横浜ラーメン博物館（九四年）や東京のヴィーナス・フォート（九九年）のように、内部空間にレトロや異国情緒を取り入れるテーマパークのようなものも登場してきている。

　しかし、こうした商業施設の建築が建築専門誌に紹介されることはほとんどない。建築専門誌は、これまで一貫して公共的な建築を扱ってきたからだ。しかし、こうした、いわば内部化していく施設を、一つの現象と捉える議論もある。建築家の磯崎新は、東京がインテリア化しているという指摘をした。つまり、都市が巨大なシステムとなってしまったことで、建築物が外部に表出すべき輪郭を失い、囲まれた空間の連続となるというのである。これは、われわれの実感としても納得がいくことだ。

　しかし、最近の商業施設の内部空間のつくり方には、さらに重要な意味が隠されているように思われる。そこには、新しい建築空間の手法ともいうべきものを読み取ることができるのではないか。実際、こうした商業施設は、都市全体がインテリア化するような事態には至っていない地方都市にも数多く現れ、いずれも高い集客力を誇っている。そこには、人々の都市空間への新しい眼差しの欲望を上手に空間化する、巧みな方法論が隠されている。

最近の大規模商業施設の多くの設計には、ラスベガスなどの商業施設で実績を誇るアメリカの設計チームが関与している。彼らのコンセプトは明快である。こうした施設デザインのさきがけとなったキャナルシティ博多の開発者は、そのコンセプトを「オブジェクト・メイキング」から「プレイス・メイキング」への変化だとする。つまり、具体的な輪郭を持った建造物をつくろうとするのでなく、ひとつの場所をつくろうと言うのだ。そしてその場所とは、何らかの限定されたイメージを与えられた場所でなければならない。

キャナルシティ博多（ジョン・ジャーディ設計、1996年）

われわれはこれまで、大きな都市に来ると、必ず高い建物に登りたいと思った。そこから、都市の全貌を俯瞰できるからだ。しかし、現在、そうした眼差しの欲望は希薄になっていることに気づく。それは、消費社会があらゆるものの価値を等価にしようとしているからだと言ってよい。情報、あるいは思想のようなもので考えてみてもよい。われわれはどこにも全体を見渡せる「高み」など持ちえていないし、また持ちたいという意思も希薄となった。

一方で、あらゆる価値が相対化されるネットワーク的な社会では、人や情報の関係は常に流動的になる。そこでは、かりそめでもよい、限定された価値を与える空間が魅力的となる。それを共有することで、人は自分の存在を確認することができるからだ。そのためには、囲いこまれた空間が必要となる。それが、「プレイス・メイキング」としてつくられる場所であるわけだ。高いところに登るよりも、人々と限定された空間を共有したい。それは、いわば囲い込みの欲望とも言うべきものである。

ジャン・ボードリヤールらが消費社会論を唱えてからすでに久しい。生産ではなく、消費がリードする社会はあらゆるものの関係を本質的に変えるはずであり、実際、多くのものが変わってきた。しかし、さまざまな意味で「商品」となりきれない建築や都市は、生産の側の都合が力を持ちつづけ、変化を拒んできたように見える。ところが、商業空間に限って見れば、実は事態は劇的に変わりつつある。問題は、こうした人々の新しい欲望が生み出す手法が、コマーシャルという限定を離れたところでも、はたして成立しうるものなのかどうかということだろう。

afterword

これを書いたのが二〇〇〇年。それから二〇年、ショッピングモールはどこにでもある当たり前の存在となり、「プレイス・メイキング」も当たり前の方法となった。ただし、その空間演出法は、しだいに定型化されていき、いわばショッピングモールのビルディングタイプが完成したと言ってもよいような状況となった。ここで言っているアメリカの設計チームとはジョン・ジャーディ率いる設計事務所を指すのだが、今から見ると、この頃の彼らのデザインには、先鋭的なおもしろさを感じることができた。一方で、今の定型化された空間演出には、どこにも新しさは感じることができない。本家のテーマパークは常にアトラクションを更新し、空間もつくり直されるが、商業空間にそれはできない。そこには一つの定型化されたスタイルが形成されることは仕方がなかったのだろう。しかしそのことは、市場経済の巨大化・グローバル化が進展することで、「囲い込みの欲望」も大きな市場システムのなかに取り込まれてしまって、みな同じ表情であることが宿命づけられてしまったという状況を示しているとも言えるのだろう。

02

施設プログラムの不在

二〇〇二年六月二七日付

今春、兵庫県が設立した二つの巨大な施設が、神戸港脇浜に相次いでオープンした。阪神・淡路大震災記念「人と防災未来センター」と兵庫県立美術館「芸術の館」だ。しかし、この二つの施設は、施設のあり方として課題を抱えているように見える。

「人と防災未来センター」は、全体をガラスで覆い、その内側には震災の日時が象徴的に描かれている。現代的なデザイン手法で静かに何かを語ろうとしている。しかし、施設内に入るとイメージは一転する。「ゴジラ」で有名な映画特技監督・川北紘一氏が指揮した、阪神・淡路大震災を再現した映像やジオラマが派手に展開される。まるでテーマパークだ。一方で、施設としての性格づけは、あくまで名前のとおり防災研究のセンターである。実際に「研究員」のほとんどが防災学関係の研究者だ。

このちぐはぐさはなぜだろう。企画の段階ではこの施設は「阪神・淡路大震災メモリアルセンター」と仮称されていた。つまり震災の記憶を伝えることが主な目的であった。それがいつのまにか、震災の記憶は、テーマパーク的とも言えるような表現にゆだねられてしまい、防災研究センターに付属する「展示」になってしまった。

震災のような負の記憶を、施設のプログラムとしてつくりだすのは難しいが、過酷な災害を経験した後には、そのことが社会全体の大きなテーマになっていくことは間違いないだろう。その先駆例としてたとえば、ダニエル・リベスキンドが設計した「ベルリン・ユダヤ博物館」(一九九九年)を挙げることができる。それは、ホロコーストで失われたユダヤ人の生命を、純粋な空間表現だけで想起させるもので、国際的に高い評価を受けた。「メモリアルセンター」というのであれば、こうした意欲的な施設コンセプトが提示されてもよかったのではないかとも思う。

人と防災未来センター（昭和設計ほか設計、2002年）

一方、「芸術の館」は安藤忠雄の力作である。巨大な空間をまとめ上げた力量はさすがであり、とりわけ海側の造形は確かに美しい。しかし、来館者や美術関係者の評判はそれほど高くない。なにより大規模で複雑な施設構成は、来館者を混乱させてしまう。「わかりにくい」「迷ってしまう」という声が多く聞かれた。それは仕方がないとも言えるだろう。前身の県立近代美術館を引き継ぎ、新たに県立美術館として必要とされるさまざまな要素を併せ持つものとした結果、美術館全体としてのコンセプトが必ずしも明確なものではなくなってしまった。そのあいまいさを、空間デザインだけで解決するのは難しいだろう。

この二つの施設はともに、施設が何を目指すものなのかというプログラムがあいまいである。もちろん、切実な事情もある。「未来センター」には時間的余裕がなく、設計者の選定も「指名プロポーザル」方式で短期間に決められている。「芸術の館」は、テーマごとに複数の美術館を運営する余力が、すでに行政になくなってしまった結果でもあると言えるだろう。ただし、こうした状況は、経済不況が長引くなかで、全国どこにでも見られるものとなっているはずだ。そうした困難ななかで、建築のデザインとしては上質なものがつくられるのに、その中身が整理されてないし、コンセプトが不明瞭のまま。そうした事態は確実に広がりつつある。それは、建築設計の仕事が表層のデザインだけに限定されるという状況が進みつつあることを示しているとも言えるだろう。施設に対する新しい社会的な要請をどのように整理し受け止めていけるのか。建築設計の仕事は、その部分にまで踏み込んでもよいはずだ。

afterword

二つの施設とも、この後しっかりと神戸の街に定着した。「人と防災未来センター」では、その展示に、今でも見学に訪れる人は多い。「芸術の館」も、意欲的な企画展示を積極的に行うことで、しだいにファンも増えつつあるようだ。しかしそれらは、利用者が上手に使いこなしを学んだ成果であるとも言えるだろう。立地する脇浜海岸は、もともと工業地であった場所が震災復興で新しい再開発エリアとしてよみがえった場所である。

両施設以外にも、その後多くの大規模な公的施設や病院が並ぶようになったが、その景観はどうしても空疎な印象が拭えないままだ。建築のデザインの問題だけではない。やはり施設プログラムそのものに新しいアイデアが求められているとつくづく思う。もちろん、それは設置者に問われるべきことなのだが、そこに建築家の創造力が求められていいはずだ。建築家に求められるのはデザインとしての対応だけにますます矮小化されているようにもみえてしまう。

03

地方の美術館のあり方

二〇〇三年六月二六日付

地方に次々と建てられている美術館建築が気になっている。文化の都心への一極集中が加速するなかで、疲弊する地方には、だからこそ、まだ「建築」の出番があるのではないか。地方の美術館は、その地域の文化を担うという意味で、その建築にも期待が込められているはずだ。実際に、一九九〇年代には、地方自治体は競って美術館をつくったが、そこには、建築家の美術館に対する新しい提案が要請されるケースも多かった。それが、今どのように受け入れられているのだろうか。とりあえず、小さな自治体のいくつかの美術館を見てきた。

　熊野古道なかへち美術館（和歌山県、妹島和世ほか・西沢立衛／SANAA設計、一九九八年）は、熊野古道の静かな山里に「小さなガラスの宝石箱」（施設パンフレット）のように建っている。妹島独自の透明感が、こうした山村風景でも成立することを実証した作品だ。その美しさが、五年たった今でも人々を引きつけている。そして、学芸員による近代日本画を中心とした企画は意欲的なものだが、小さな建物だけに展示室もとても狭く、これをひとつの美術館として評価することは難しくなる。

　成羽町美術館（現・高梁市成羽美術館、岡山県、安藤忠雄設計、一九九四年）は、玄関までのアプローチを、水を張った背後の空間にわざわざ遠回りさせるという、安藤お得意の手法で、これもまた美しい空間をつくり上げている。ところが、関係者からは、喫茶室での飲食のにおいが展示室にも伝わってきてしまうという指摘を聞いた。水を見せるテラスを中心に各部屋が一体にデザインされていて、それこそがこの建物の魅力なのだが、美術館として考えると、マイナスに見られる場面も出てきてしまう。こちらも地元出身の洋画家を中心とした展示内容が意欲的である分、美術館としての使い勝手の悪さは気になってしまうところだ。

　美術館建築は、抽象的な展示空間、いわゆるホワイトキューブのあり方が批判されて以来、建築家によるさまざまな新しい提案が行われてきた。美術館とは一つの施設であると同時に概念でもある。したがって、建築家の提案とは、旧来の美術館概念を見直す大胆な要素を含むことが求められてきた。しかし、なかへち美術館や成羽町美術館だけではなく、近年の建築家による小規模な地方美術館の試みの多くは、そうした提案が空間として提示されているわけではない。そのためにであろう、建築家のデザインが、従来の美術館の仕組みとうまく折り合いがつかなくなるケースが増えてしまう。

高梁市成羽美術館(安藤忠雄設計、1994年)

もちろん、建築と展示作品が完全に一体となった新しい美術館の概念を提案した奈義町現代美術館(岡山県、磯崎新設計、一九九四年)のような例もある。いまでも一定の来館者を確保しているようだが、展示替えのできない仕組みは、地方での美術館としてはかなり特殊な存在として見えてしまう。美術館という概念に初めて建築として切り込んだのは、パリのポンピドゥー・センター(レンゾ・ピアノほか設計、一九七七年)であろう。美術館だけでなく、多様な文化施設としての機能もあわせ持ち、それらが緩やかにつながったその建築は、美術の殿堂として存在感を示してきた美術館のイメージを変えてしまった。しかし、それは都心にあるからこそ実現できたことだ。地方の美術館には、地方文化を担い、さらには「まちづくり」との連携も求められるという宿命がある。そこに美術館建築はどのようにかかわり、どのような提案をしていけるのだろうか。

afterword

奈義町現代美術館は、美術館自身が作品になるという第三世代美術館論のテーゼとともに登場したものだったわけだが、その後、同様の美術館は、たとえば直島の地中美術館（香川県、安藤忠雄設計、二〇〇四年）など、数多く登場することになる。そこには、従来の展示室に収まらない（収まりたくない）現代アートが、新しい美術館のテーマの中心となったという事態がある。しかしそれは、あくまでアートの側から地方にアプローチするという形式を生み出したものなのだ。その一方で、地方から世界へ発信するという、地方文化の担い手としての美術館というあり方は、相変わらず宙に浮いたままのようにも思える。いや、そこでは新しい世代の美術館などという提案は求められていないのであろう。それぞれの地方の文化を丹念に紐解いて、それぞれの個別解として空間に表した美術館建築も、多様なかたちで登場してきている。

04

商業空間――モノから場所へ

二〇〇三年一二月一二日付

今年、国内で最も活躍した建築家となると、米国のジョン・ジャーディということになるのではないだろうか。東京の「カレッタ汐留」、「六本木ヒルズ」、北九州の「リバーウォークカ北九州」、川崎市の「ラチッタデッラ」、そして大阪の「なんばパークス」。昨年末から今年にかけて完成した主要な大規模再開発の設計のほとんどに、彼はかかわった。そして、その巧みな空間演出は、どこでも多くの集客力を実証した。

「モールの神様」や「エンターテインメント建築家」と言われるジョン・ジャーディを、ほかの建築家と同列に扱うことは異論もあるだろう。確かに彼は商業施設に特化した特殊な建築家ではある。ただ、ここで重要なことは、彼には方法論があることだ。けっして消費を喚起するだけの表層的なデザインを場当たり的にデザインしているわけではない。その方法論とは、彼の言葉を借りれば「プレイス・メイキング」である。つまり建築物をつくるのではなく、「場所」を創造しようとしているのである。

モノから場所へ。では、このテーゼは、二〇世紀の建築設計をリードしつづけたモダニズム・デザインに代わる、新しい理論を生み出すものとなりえるのだろうか。

確かに、「キャニオン」や「イタリア山岳都市」をイメージしながら、ジャーディがつくり出す空間は、豊かな表情をもっている。機能を実直に造形化しようとしてきたモダニズム・デザインにはこの表情をつくり出すことは難しい。しかし、一方で、ジャーディのつくり出す「場所」には、根拠が欠落しているのも事実だ。つまり、彼のつくる「場所」とは、常に架空なものであり、施設が立地する実際の場所とは何のつながりもない。むしろ周囲の場所との応答を極力避けるために、その「場所」は慎重に囲い込まれている。言うまでもなく、これはディズニーランドが発見した方法でもある。

考えてみれば、モダニズム・デザインも実際の場所の属性、つまり風土や歴史から逃れようとした。それを乗り越えようとしたのである。その点では、「プレイス・メイキング」の方法も、モダニズム・デザインと近しいものなのかもしれない。モダニズム・デザインは、普遍的世界という大きな「物語」を目指したのに対して、「プレイス・メイキング」は自己完結する小さな「物語」を再生産しようとする。この点だけが違っているという見方もできそうだ。

なんばパークス（ジョン・ジャーディ設計、2003年）

しかし、その相違点が重要なのだ。モダニズム・デザイン、あるいはそれを成立させた近代主義について、それは場所が持つ価値を無力化してしまうという批判が根強い。もちろん、モダニズム・デザインも、当初からそれを建築化する場面において、場所が持つ伝統や文化をその造形に取り込もうとする試みは続いてきた。しかし、ジョン・ジャーディのように、いきなり架空な場所をつくるようなことはできないままだ。ここで問われるのは、「場所の喪失」という状況が指摘されるなかで、モダニズムが架空ではなく、現実の場所をどのように取り込むことができるかなのだろう。

実際に、風土や歴史に改めて着目するような開発事業も増えてきたし、若い世代の建築家のなかにも、「アトリエ・ワン」や「みかんぐみ」などに代表されるように、自ら存在する環境のなかに自分たちの設計の根拠を問おうとする動きも目立ってきた。空間の質は、集客力だけで測れるものではない。場所の力が、モノとしての建築の質を変えていくようすを見たいものだ。

afterword

二〇〇三年を振り返る記事なのだが、ここで指摘している「プレイス・メイキング」は、すでに二〇〇〇年にも触れている。そこでは、なぜその方法が求められたのかを指摘したが、ここでは、その提唱者であるジョン・ジャーディの仕事が日本の商業施設を席巻している事態を取り上げ、それが新しい建築設計手法になりえるのかを考えてみた。そして、プレイス＝場所をつくるという場合に、架空な場所ではなく、リアルな場所との関係をつくることが建築のテーマになるはずだという指摘をしている。建築家は何らかのフィクションをつくることを求められる。そのフィクションの質が問われているとも言えるだろう。そしてこの後、時代を切り開くような社会に共有される理念が見えにくくなるなかで、隈研吾に代表されるような、リアルな場所から巧みに物語を紡いでいくようなフィクションの作り方が評価されるようになっていった。そして一方で、ショッピングセンターなどにおいては、架空な場所をつくることは、しだいに定式化しフィクションをつくるおもしろさが見いだせなくなっていった。

05

美術館の脱建築化

二〇〇六年六月二九日付

今年の日本建築学会賞は、作品賞三件のうち二つが美術館であった。金沢21世紀美術館と群馬県の富弘美術館だ。これは偶然ではない。建築雑誌が取り上げる作品も、美術館の数が急速に増えている。

建築として注目されるものだけではない、美術館の設置件数そのものも増えている。しかし、美術館の来館者の数は減っているのだ。ということは、美術館は必ずしも美術愛好者の拡大に応えているのではなく、なんらかの社会的な要請に応えて増えていると考えられる。そのために、美術館の建築が重要となり、建築家が要請されるようになってきたということだろう。

今回受賞した二つの美術館建築は、一つの共通した特徴を見いだすことができる。妹島和世・西沢立衛の金沢21世紀美術館は、円形のガラスで囲まれた建物のあちこちからアプローチができ、内部にも決められた順路がない。ヨコミゾマコトの富弘美術館も、四角い箱の中に、大きさや内装の異なる円形の空間がランダムに配置されている。共通しているのは、建築としてあるべき正面性や整列的配置などがあえて排除されていることだ。脱建築化とも言えるだろうか。

現代美術は、常に制度としての美術館を批判してきた。ここでの脱建築化は、それに対する答えとして捉えられるだろう。しかし、それは一面で、美術作品が持つ社会的位置づけが大きく変わりつつあることも示している。特に現代美術では、まちづくりに対して持つ意味が重要となってきていて、実際に二つの美術館でも、そこに大きな期待が集まっている。

ただし、美術とまちづくりの連携がさらに進むと、作品の収集・展示のための美術館という施設のあり方そのものが意味を失っていくことも想定される。

神戸の新開地では、まちづくり協議会が主導し、一九九六年に神戸市立「神戸アートビレッジセンター」が設立され、公園や商店街でさまざまなアートイベントが続けられている。横浜市でも、二〇〇四年より歴史的建造物を活用した文化芸術の実験プロジェクト「BankART1929」が始まっている。こうした、恒久的な展示施設を持たないアートプロジェクトは、確実に増えてきている。

BankART1929が2004年から2008年まで入居していた
旧第一銀行横浜支店(西村好時設計、1929年)

近年の注目を集める美術館やこうしたプロジェクトでは、もっぱら現代アートがテーマとなっている。そこでは、まちづくりがその作品を一方的に求めているのではない。作家自身がその場所の社会的状況に積極的にかかわろうとする表現も増えてきた。そうなると、美術館とは、社会と作品との関係をマネジメントする情報センターのようなものでよいことになるだろう。その時には、従来の美術館というビルディングタイプは意味を失う。

美術館とは一つの施設であり建築ではあるが、同時に美術作品を社会的に定位させる制度でもある。その制度としての美術館が変容、あるいは解体されようとしている状況が進みつつある。そして、そのことが建築のあり方も揺さぶろうとしているのだ。

afterword

二〇〇六年を振り返った年末の記事。ここで取り上げた金沢21世紀美術館は、この後も新しい美術館のあり方を示す施設として広く知られる存在となり、金沢の観光資源としても重要なものとなった。「公園のような美術館」のキャッチフレーズは、確かに従来の美術館のイメージを変えてしまった。そして、そうした美術館の変貌が、ここで言っている脱建築化を進めていくのだが、それは美術館に限らず、あらゆる建築に広がっていったと言ってよい。近代化のなかで構築された社会システムに対応して、建築のビルディングタイプがつくられ、それぞれに相応しい「〜らしさ」がつくられた。そのシステム自体が解体していくなかで、建築の「らしさ」は、どんどん失われていくことになる。現代アートに応える美術館は、その先陣を切るものとなったというわけであろう。二〇二〇年からのコロナ禍は、その脱建築化を加速することになるはずだ。社会システムの中身の急激な変容に、建築はどのようにしてついていけばいいのだろうか。そのことが最大の課題になったと言ってよい。

06

磯崎の五輪案がつくろうとしたもの

二〇〇六年九月二八日付

二〇一六年オリンピック・パラリンピックの国内候補都市が東京都に決まった。この選考は、さまざまに報道されたが、改めて注目したいのは、争った東京都と福岡市の計画案に、それぞれ日本を代表する二人の建築家が関わっていたことだ。東京都の計画案には安藤忠雄が関わり、福岡市では磯崎新が制作総指揮者として関わっている。

これまでもオリンピックや万国博覧会など、国家的なイベントには、その時代を代表する建築家が関わってきた。しかし、今回の二人の建築家の関与の仕方は、それぞれに、現代における建築家のあり方の特徴をよく示していて興味深い。

安藤忠雄は、晴海埠頭に予定されたオリンピックスタジアムをデザインした。といっても、具体的な造形はわからない。鉢を伏せたような形で芝生や樹木で覆われていて、海の上に浮く森がイメージされているだけだ。実際に、全体計画への安藤の関わり方は極めて限定されているようだ。東京都の計画書は、福岡市に比べて具体性に乏しいと批判されたが、安藤のスタジアムのイラストは、その計画書全体のイメージづくりのためのものとして使われているような印象だ。

一方、磯崎新は福岡市の計画案で、そのコンセプトにまで大きく踏み込んでいる。磯崎は、会場計画の制作総指揮者という役割を担い、実際の会場計画を担当した石山修武とともに「21世紀型オリンピックのための博多湾モデル」を提示している。

磯崎は一九六〇年代に、都市は記号が生み出す虚像になったとして、リアルな都市空間を扱うことから撤退し、建築造形の自立性に表現の根拠を見いだそうとしてきた。ところが、今回、都市に戻ってきた。しかも、抽象的な議論ではなく、きわめて具体的な計画案をひっさげて戻ってきたのである。

とはいえ、そのコンセプトは磯崎らしい思想に裏打ちされたものになっている。聖火やアスリートを、海を渡ってくる

〈まれびと〉になぞらえ、博多湾の歴史的価値を語り、政治学者・姜尚中と共同して〈東アジア共同の家〉を構想する。そして、オリンピック後の施設利用による福岡市の都市構造の再編計画にまで言及する。そうした主張は、これまでのオリンピックが国威発揚の場であったという批判に基づいており、東京の計画も酷評している。リアルな政治世界にきわめて強く関わろうとしている。これは、近年の磯崎の仕事を考えると驚くべき変化である。

磯崎が単に昔に回帰しようとしているのではない。国家や政治のドラスティックな変容が、都市空間の本質的な矛盾を露呈させ、都市に対する新しいプログラムを強く要請するようになってきたと解釈できる。確かに、どのようなかたちであれ、建築家はそのことに応える責務を負っているはずだ。その意味で、今後、東京都の実際の施設設計が進むなかで、安藤忠雄がどのように応じていくのかも注目したい。

afterword

言うまでもなく、この後の東京五輪のメイン会場となる国立競技場の計画において、選ばれたザハ・ハディド案が白紙撤回されるという事態が起こった。ザハの案を選んだ安藤忠雄らは、その躍動感や象徴性を評価したのだが、そもそも東京五輪のコンセプトがあまりにもあいまいなままだったことで、その象徴性が何を根拠にしたものかがわからず、その説明は説得力に欠けることになったとも言えるのだろう。オリンピックのような国家的イベントの計画では、その政治性にも踏み込んだ関わり方が必要となる。磯崎新は、あえてそこに挑んだわけだ。しかし、この後に、建築家がこうした大がかりな都市のコンセプトを提示するような場面はほとんどなくなってしまったと言ってよい。それに代わり、個別の場所での小さな物語のつくり手として建築家は求められるようになっていく。

07 団地と共同性の質をめぐって

二〇〇七年一二月二〇日付

今年は、団地をめぐる二つの動きが印象に残った。一つは、かつての日本住宅公団が供給した公団住宅を愛する、団地マニアの活動だ。雑誌やテレビでも紹介され、見学用のガイドブックも刊行された。これは、近年の昭和初年代に対するノスタルジーのブームからの派生と見られることが多いが、単に愛でるだけではなく、そこに住み着こうとするマニアまで登場してきている。若い建築家にも、団地のリノベーションを積極的に手がけようとする人が増えた。彼らは団地の空間に、現役のものとしての魅力を感じているのである。

もう一つは、団地の原点とされてきた51C(一九五一年に提案された最小限の空間にダイニングキッチンと二部屋を配した公営住宅標準設計C型)をめぐる議論だ。これまで、これが現在のマンション等の標準形式であるnLDK(n個の個室+リビングダイニングキッチン)を生み出し、その閉鎖・固定化されたプランが、日本の集合住宅から「共同性」を失わせることになったと指摘されてきた。しかし、51Cの生みの親である鈴木成文は、著書『五一C白書』(住まいの図書館出版局、二〇〇六年)などで、nLDKは住宅が商品化してしまったために生み出されたもので、51Cはその原型にはなっていないと指摘した。

この二つの動きはつながっているのではないか。団地マニアや団地再生を手がける建築家たちが語る団地の魅力には、必ず空間の居心地のよさが含まれている。丁寧につくられた芝生や植栽。多様な住棟のデザイン。確かに住戸は閉じているが、そこから広がる団地の空間は住民に開かれ共有されたものとして感じられる。実はそこにこそ、鈴木成文が目指した集合住宅の思想を読むべきなのだろう。彼は一貫して、住宅を外に開こうとしてきたとも解釈できるのである。

しかし、物理的には閉じていても、開こうとするのはどのようなことなのか。51Cの議論に触発されて書かれた、政治学者・竹井隆人の『集合住宅と日本人』(平凡社、二〇〇七年)

では、そうした思想を「情感的なもの」でしかないと批判する。この本では、「共同性」の構築には、政治的機能を果たす統治（ガバナンス）が必要であるとしている。

「共同性」を支える制度を構想するのであれば、この指摘はまったく正しい。ただ、建築専門家の使う概念の多くが情緒的で曖昧な言い方として切り捨てられることには違和感がある。「コミュニティ」や「まちづくり」の曖昧さは、私もそのとおりだと思うが、空間には物理的機能を越えた「質」があることも理解すべきであろう。外に開くということは、他者が進入できるかという機能のことだけを言うのではない。鈴木だけではない。最近の試みも含めて、建築家は集合住宅において、住戸の内外の空間を、他者の視線や気配でつないでいくことをテーマにしてきた。空間の質を構想することで、住戸を開くことを考えてきたのだ。

nLDKでは、そうした質が失われ、住戸はひたすら閉鎖されることとなった。今、われわれが団地に魅力を感じるのは、空間の質が、集合住宅の「共同性」を促すものとして見いだされるからなのではないか。もちろん、そこでの計画手法が、そのまま現代の生活のレベルに対応できるわけではない。しかし共同で暮らす居心地のよさが、空間の質で獲得できることを教えてくれているのは確かである。

afterword

この後、団地リノベは一つのブームにもなっていった。しかし、一方でnLDKに対する批判はあまり聞こえなくなっていく。それは、集住し個々の住宅を開くことや、コミュニティをつくることが必ずしも絶対的な価値とはならなくなったからだと思われる。原武史は『団地の空間政治学』（NHK出版、二〇一二年）で、団地建設の背後にあった思想に着目した。団地の基本となる自治やコミュニティの思想は、団地を大規模化させたニュータウンの計画理念から明確に読み取れるのである。しかし、そのコミュニティ思想は一つの革新を示すものだったとしても、歴史のなかですでに埋没してしまったようにみえる。確かに、コミュニティ志向は確実に衰退した。あるいは、コミュニティのあり方が、想定されていないかたちで成立するものになったということかもしれない。いずれにしても、団地ブームは、一つの住宅思想の終焉を告げるものだったのだろうか。

08

制度に挑むことを作品に

二〇〇九年九月二四日付

近年の建築業界の不況は深刻である。世界的な経済不況もあるが、それ以上に姉歯事件の対応もあり二〇〇七年から厳格化された改正建築基準法による影響が大きい。「建築法不況」などといわれたりもする。確かに、規制が厳しくなるなかでは、その規制とどのように向き合うかも、建築を設計する者にとって重要な仕事となっていく。しかし、逆にその向き合い方から、新たな創造を見いだすこともありえるはずだ。歴史上、建築の革新とは、常に既存の建築の枠組みを意識して、そこから外にはみ出そうとする意思からはじまったとも言えるのであるから。

　そうした意味で注目したいのが、宮本佳明《かつひろ》の最近の作品である。宮本は、阪神・淡路大震災で「全壊」判定の自宅を、縦横自在に鉄骨をはめ込んで大胆に修復した「ゼンカイハウス」で注目された。そこでは「全壊」と烙印を押してしまう行為に対して、そして機能改善のためだけの修復行為に対して、一つの疑問を投げかけた。最近の「ハンカイハウス」では「半壊」と判定された古い家屋を、周囲に回廊のような新築部分をつくり、それで既存部分を支える構造を工夫した。そして、新作の「gather」では、大阪市内の古い住宅を、うねるように建物の内外に連続させた一〇〇〇本ほどの細長い木材により改修することを試みている。

　これらの作品で注目すべきなのは、既存の建物に新たに追加される部分が、あえて「異質」なものになっていることである。それは、既存の建築のスタイルに違和感なく収めようとする一般的な改修や修復とはまったく異なる態度だ。むしろ、既存の部分に対峙しようとしている。しかし、その追加部分は単なる対峙するものとして記号的な処理で扱われているわけではない。それは飾りにはなっていないのである。つまり、建築の実態の一部として機能し存在するものとしてつくられている。

したがって、その追加される部分も、建築として規制の対象となるわけだ。宮本は、そのことに正面から向き合っている。「gather」に追加された大量の木材は、実際に、古い建物を支える仕掛けになっている。そこで宮本は、建築確認申請において「気の遠くなるような」手続きを経て、この手法が違法状態にあった家屋を合法なものへと是正する仕掛けとなるものであることを認めさせている。その上で、この表現が生まれたのである。

gather（宮本佳明設計、2009年）

もちろん、壊れた、あるいは違法状態になってしまった建築を、元の状態に戻すようにする復元こそが改修の基本であり、正当な方法だろう。しかし、構造補強などでは、必ずしも物理的に、あるいは工費の面で復元的な改修ができないという場合も多い。その場合、規制の枠のなかでどのような方法を見いだすことができるのか、そのアイデアは自在に提案されてよいはずだ。宮本の一連の取り組みは、あくまで建築家としての作品表現としてあるものであり、ここでの手法は一般化できるものではない。しかし、規制の枠を踏まえながらも、そこから新しい方法を提案している意味は大きいのではないか。

afterword

宮本佳明の作品をめぐっては、この連載コラムで何回か取り上げている。社会的な困難をアイロニカルなやり方で告発するという彼の作品提示は、確かに話題にすべき価値を持つものである。ただし、その告発を巧みに作品表現に落とし込んでしまうために、その告発は社会的に大きな影響力を持つものにはなりえない。それは本人も了解した上でのことだろう。しかし、ここでの法的適合性をあえて獲得しようとするやり方は、これらの作品がどれほど影響を及ぼしたのかはわからないものの、確実に広がっていったように思える。そもそも建築基準法は、ここで指摘した二〇〇七年の改正の前の二〇〇〇年での大改正において、それまでの「仕様規定」に加えて「性能規定」が認められるようになった。つまり、性能が認定されれば適用を受けられることになっていた。そして、コンプライアンスという言葉が一般にも使われるようになってくるようになると、建築においても法令遵守は責務となり、建築設計の上で、さまざまな性能評価が試みられるようになった。つまり、ここでの宮本の法令へのチャレンジは、いまや特別なチャレンジではなくなっていると言えるのだろう。何が建築の前衛であるかは、常に動いていく。

09

復興事業での建築家の役割

二〇一一年六月三〇日付

東日本大震災の直後に、ニューヨークの都市再開発の対立を描いたアンソニー・フリント著『ジェイコブズ対モーゼス』の翻訳が出た(鹿島出版会、二〇一一年)。これは、偶然とは思えないタイミングのように感じた。ジェイン・ジェイコブズは、多様性や地域コミュニティの重要さを説いた都市運動家で、その思想は一九六〇年代後半以降の建築や都市計画の考え方を大きく変えることになった。この本は、彼女の理論が都市計画家ロバート・モーゼスの強権的な手法への抵抗のなかで、実践的に構築されていくようすを描いている。

今回の復興計画のなかで、建築家の出番が少ないという指摘がある。しかし、ジェイコブズ以降と言ってよいだろう、地域をまるごとリセットしてしまうような建設行為から建築家は撤退した。確かに、人々の多様な営みから造形を紡ごうとしてきた建築家にとって、大規模な復興マスタープランに自らの役割を見いだすことは難しい。

一七世紀のロンドン大火で、建築家のクリストファー・レンが壮大な再開発計画を提出した例などはよく知られるが、少なくとも二〇世紀以降の災害復興計画で、都市計画の専門家ではなく、建築家が都市の全体像を構想した例はほとんどない。その一方で、建築家は復興に立ち上がる人々の生活に寄り添うような活動を展開しようとしてきた。

関東大震災の復興事業では、徹底した区画整理事業が断行され、現在の東京の土台がつくられたが、建築家の今和次郎らは、無計画に建てられるバラックを支援する「バラック装飾社」なる活動を起こした。あるいは阪神・淡路大震災の復興で、宮本佳明は生家を「ゼンカイハウス」として作品化して見せた。

ただし、今回の津波被害による被災は、過去の大規模災害とは異なる状況となっていることを考えなくてはならない。そこには、復興の手がかりになるようなものが何も残されていないのだ。今後の津波対策を考えれば、そこに何かをつくろうとする気配も今のところ生まれにくい。建築家は人々に寄り添う手がかりを一切見いだせないままなのだろう。しかし、そうした極限の状況だからこそ、新しい建築家の役割を構想する可能性もあるのではないか。

『ジェイコブズ対モーゼス』では、最後にモーゼスの再評価に触れている。その強権的手法は批判されたが、現在のニューヨークは彼の手がけた空間がなければ成り立たないのは確かだ。今回の復興計画に求められているのは、生活に寄り添うジェイコブズ的発想であると同時に、一方で被災地全体を見渡す俯瞰的な構想を導き出すことも含まれなければならない。そして、それは同時に、新しい建築の方法を切り開くことでもあるのだろう。

afterword

日本建築学会は、二〇一一年に業績賞のなかに、大規模災害からの復興事業を対象とする復旧復興特別賞を設けた。東日本大震災の復興事業で、業績賞に応募する人や団体がきわめて多くなったことに応えた賞の創設である。実際に、行政も巻き込んで多くの建築関係者がさまざまな復興事業に携わった。したがって、ここで「復興計画のなかで、建築家の出番が少ない」としているのは、その後の状況からすれば間違いとなる。ただし、やはり結果的には、地域全体に関わる大がかりな再生計画を建築家が手がけるというようなことは起きなかった。それはここで述べたように、建築家の復興への関わり方がそうしたものを目指すものではなかったからなのだろう。しかし、もう一つ感じるのは、シュリンキング・シティ(縮退都市)などが指摘される現在において、復興において被災前以上の成長を目指すような都市像が描けないという状況についてである。福嶋亮大は『復興文化論』(青土社、二〇一三年)で、災厄からの復興こそ、創造性が満ち溢れる時期だとしたのだが、東日本大震災には、その時期はおとずれなかったようにも見えてしまうのだ。

10

復興に求められる計画学の再登場

二〇一一年九月二九日付

先日、生誕一〇〇周年を記念して、西山夘三の活動を振り返りながら、これからの住まい・まちづくりを展望するという、大阪で開催されたシンポジウムにパネリストとして参加した。そこでの議論を通じて、東日本大震災の復興計画の難しさを改めて考えさせられた。

西山夘三(一九一一〜九四年)とは、緻密な実態調査から住宅供給の標準型をつくり出した、わが国の建築計画学を代表する学者である。確かに、公共セクターによる住宅供給が必要とされた時代には、理想の標準型を想定することは重要であった。しかし、住宅の商品化が進み、暮らしの価値が多様化してしまうと、そうした計画学は意味を持てなくなる。

そこで、西山の研究は、都市計画学から地域社会論や町並み保存論へ展開する。しかし、そこでは、開発資本による無原則な開発を批判する主張が強くなり、それは、大きな影響力を持ち得たものの、従来の実証的な研究態度はしだいに薄れていく。シンポジウムでは、会場から、従来の計画学はすでにその使命を終えたのではないかという指摘さえあった。

ただ、今回の東日本大震災の復興では、その計画学こそが新たに求められる事態になっている。社会資本の私有化がこれだけ進んだ現状では、災害復興も、個人や自立的な集団が主体になるはずだ。しかし、今回のように街をまるごと飲み込んでしまうような被災では、大がかりな街のつくり直しも必要となる。そこでは、公共セクターが担わなければならない部分が圧倒的に大きくなっている。

建築家により提出されつつある復興プランも、ほとんどが、個人で扱える範囲を超えた空間単位を扱っている。そして、日経BP社が建築実務者を対象にしたアンケートでも、復興支援の課題として最も多かったのは「行政との連携」だった。

そこで求められるのは、かつて西山らが実践した空間供給型の計画なのだ。人々の生活や防災の実情を丹念に調べ上げ、その徹密な分析から大きなスケールの計画を構想することが必要となる。ただし、西山の住宅標準プランの政策は、戦時体制下の強制があって初めて可能になったのも事実である。土地・建物の私有化が徹底してしまった今の状況で、大がかりな計画にどれだけの説得力と強制力を持たせることができるのか。建築家の描くプランも、単なる構想力ではない社会的強度が問われることになる。

afterword

大がかりな復興計画がかかえる課題については、その後、阪神・淡路大震災の復興計画事業の成果が現れはじめると、深刻な事態が見えてくるようになった。よく知られるのは、「長田の失敗」である。特にひどい被害を被り、九割が焼失した長田地区について、神戸市は「神戸の西の副都心」と位置づける壮大な復興計画を立てた。見事に計画された再開発ビルが建ち並ぶ街区が完成するが、実際には想定されたにぎわいが出現することはなかった。東日本大震災の復興事業では、この反省を活かした「背伸びをしない」計画も見られるようになった。考えてみれば、西山夘三が構想した計画も、その後の日本の経済成長を前提にした発展する都市像であった。現在のわれわれに課せられているのは、発展を前提にするのではなく、持続可能であることを目指す計画をどのように構想することができるかであろう。それを、公共セクターがどのように提示できるのか。新しい構想力を持つ計画学が必要になっている。

求められる都市デザインの発想

二〇一四年三月二七日付

東京オリンピック・パラリンピックの主会場となる国立競技場のザハ・ハディドの設計案をめぐって議論が続いているが、彼女の最新作となるソウルの東大門デザインプラザを見てきた。

建物は今月二一日にオープンし、その前にザハ・ハディド本人がソウルで記者会見を行った。そのようすは、韓国の新聞などのメディアに大きく報じられている。

この施設は、東大門の運動場跡地を再生するために、歴史文化公園とともに計画された巨大な展示施設で、ソウルの新しいランドマークとなることが期待されている。そして、実際に東京の国立競技場の設計案と同様に、流線形の特異な造形がまさに異彩を放っているが、もちろんその造形の奇抜さへの批判もある。それに対し、ザハは記者会見で、周辺環境も重要だが「新鮮さ」や「新しさ」を考えなくてはならないと答えている。

今回は、ソウルの都市や建築をウォッチしてきた建築史家・砂本文彦氏に同行してもらったが、彼は近年のソウル市長の都市政策の中でこのデザインを考えなくてはならないと指摘する。ソウル市の都市政策と言えば、その後大統領になった李明博《イミョンバク》市長が実現させた、高架道路を大胆に撤去して清渓川《チョンゲチョン》を復元した事業がよく知られているが、その後二〇〇六年から市長になった呉世勲《オセフン》は、この路線をさらに拡大・体系化した「デザイン・ソウル計画」を打ち出し、さまざまな都市空間の再生事業に取り組んだ。その一つがこの東大門の計画である。

実際に、運動場跡地の敷地には、かつての城壁が復元され、運動場のシンボルとして照明塔や聖火台の一部も保存されている。そうした歴史的環境が保全されながらも、そのまんなかにまったく新しいイメージの施設がつくられた。その新しさは、ソウルの歴史文化があって初めて意味を持つものになるというわけである。「デザイン・ソウル計画」の理念が、そこに示されている。

ザハは、記者会見のなかで、良い建築物は都市を（急進的ではなく）漸進的に変えていくと指摘していた。しかしそのためには、その建物が持つデザインの役割を明確にするための都市全体の計画が必要となるだろう。ここでの特異な造形は、それがあるからこそ、目指すべき都市空間のなかに居場所を見つけることができていると感じられる。ひるがえって、ザハの東京の国立競技場のデザインでは、東京五輪の全体を貫くコンセプトが最初からあいまいなままである。そのために、そのデザインは、単に巨大な「異物」と批判されるだけに終わるのではないかと懸念される。

東大門デザインプラザ（ザハ・ハディド設計、2011年）

ただし、ソウルでのこうした都市デザイン事業も常に困難さを抱えている。なによりも、市長の強い統率により実現する事業であるため、継続性が担保されないのである。実は、「デザイン・ソウル計画」も、浪費型の公共事業だとの批判から二〇一一年に市長が辞任に追い込まれ頓挫してしまう。東大門の事業は、すでに進んでいたため計画どおり完成されたが、それ以外の事業がどうなるかは不透明である。

afterword

東京五輪全体の計画イメージははっきりしないと言っても、東京の都市全体の将来計画は存在する。東京都でも、二〇一七年に大がかりな「都市づくりのグランドデザイン」が公表された。ただ、そこで描かれているのは、目指すべき都市構造や、新たな地域区分などが中心で、「デザイン・ソウル計画」に見られるような具体的なデザインやイメージまでも踏み込んだ計画になっているわけではない。東京だけではないだろう、日本においてそうした計画として挙げられるのは、一九八七年の当時の細川護熙熊本県知事が主導した「くまもとアートポリス」ぐらいしかないのではないか。一方で、ソウルでは、確かに市長の交代による紆余曲折はあるものの、近年一貫して、具体的で大胆な都市デザイン事業を導く計画が構想されている。これは、都市計画とは別の都市デザインという発想が確実に根付いていると言えるのだろう。この連載コラムでも、この後、そのいくつかを紹介している。場当たり的、局所的なものでしかないと捉えることもできるが、興味深いのは、そのいずれもがその場所の歴史をテーマにしていて、歴史へのアクセスが、都市を再生する契機となっていることである。

12

都市再生の奇跡

二〇一八年三月二八日付

パリのポンピドゥー・センターなどの設計で知られる、建築家のレンゾ・ピアノがリノベーションのデザインを手がけたイタリア・トリノの再開発建物を見てきた。トリノは、自動車メーカーのフィアットの本拠地として栄えた工業都市だった。しかし、自動車産業の衰退とともに、多くの工場が使われなくなり、そのなかでもヨーロッパで最大規模の建築物だったフィアットのリンゴット工場をレンゾ・ピアノが改修設計してショッピングセンターなどが入る建物に再生したのである。

現在、同様に工業都市の衰退から都市を再生していく試みが世界中で進んでいる。日本やアジアでも、工場跡地や煉瓦倉庫を文化施設などにリノベーションする事業がさかんになった。米国などでは、かつて使われていた郊外の施設や住宅を撤去して、自然の森に戻すなど、思い切った縮小計画も進められる例もある。二〇〇〇年から始まったトリノの都市再生も、最初は郊外の工場などがリノベーションにより地域拠点施設として再生するなどの事業から始まっている。

そしていよいよ、最大規模のリンゴット工場のリノベーションが行われたのである。しかし、その規模はあまりにも大きい。ショッピングモールのほかにも、トリノ工科大学のキャンパスの一部なども入っているが、それでもその広大な空間はもてあまし気味だ。それもあってであろう、レンゾ・ピアノならではのデザインがどこにあるのかほとんどわからない。しかしその大規模さゆえの空疎感が、むしろ魅力的なものになっている。

こうした事業で求められるのは、都市再生に向けた方向づけ、つまりストーリーの構築である。トリノの都市再生計画で示されたのは、工業都市から文化・観光都市への転換であった。中心部はサヴォイア家による一六世紀末の見事な都市計画に基づき華麗な建築群がつくられてきた。まず、その歴史遺産の修復保全が進められ、文化施設などへの活用がはかられた。同時に、郊外の広大な工場跡地は、住居やオフィスなどが混在する街に転換させようとした。リンゴット以外の工場跡地は、街の中核となる公園として整備されているものもある。こうした再生計画により、都市の社会構造の転換が着実に実現しつつあり、「トリノの奇跡」とまで言われるようになった。

リンゴット（旧フィアット工場、1923年）再開発
（レンゾ・ピアノ設計、1955年から）

そうした大胆で大規模な都市政策のなかで理解すると、リンゴットの施設の魅力がわかってくる。かつて工場でつくられる自動車は、完成していくと順次巨大なスロープを上っていったが、そのスロープも象徴的に残されていた。この施設は建築家による「作品」としてではなく、過去の都市の仕組みが換えられていく姿が表現されたものとして評価すべきなのだろう。そうした評価は、縮小都市が課題となるこれからの建築のあり方を示している。隣接した別の工場跡建物は、日本にも進出している高級スーパーの「イータリー」になっていた。巨大な工場建物群も、その威圧感や廃墟感は払拭され、このあたりに住んでみたいと思わせる佇まいがそこに実現していた。

afterword

トリノだけではない。没落した工業都市を再生する事業は、いま世界各地で進められている。急速な産業構造の転換により、重厚長大な大型産業の工場施設がうち捨てられてしまう状況が進むなかで、工業都市とは異なる性格の都市を目指すプロジェクトがさまざまに試みられるようになった。あのビルバオ・グッゲンハイム美術館（フランク・O・ゲーリー設計、一九九七年）も、著名な建築家を招聘し文化施設を次々と建設することで、工業都市からの転換を目指すビルバオ（スペイン）のプロジェクトの一つである。しかしそうした工業都市再生のなかで、とりわけ注目したいのは、ドイツのエムシャー川に沿って形成された巨大工業地帯を再生させようとするIBAエムシャーパーク・プロジェクトであろう。IBA＝国際建築展によって、旧来の工場が、サイエンスパーク、ビジネスパーク、環境保護センターなどに再生されている。これに典型的に表れるように、工業都市再生の事業では、その残された施設をどのように使うのか、その再利用計画が、事業の方向性を決定づけるという事態になっているようだ。リンゴットの工場の、もてあまし気味の再利用も、今後どのように拡充されていくかが注目されるところであろう。

13 空間構造を変えてしまう再生事業

二〇一八年六月二八日付

韓国・ソウル駅の前に「ソウル路7017」というなんとも不思議な空中公園が出現した。一九七〇年に、線路をまたいでソウル駅の東西をつなぐ高架道路が建設されたが、近年老朽化により撤去が検討されていた。それを、撤去するのではなく一キロメートルにわたり続く歩道橋公園として、二〇一七年に再生したのである。公園内には多くの植物が植えられ、ステージや売店なども設置されており、多くの人々が楽しんで歩いている。北朝鮮との非核化に向けた軍事交渉が続くなかで、ここだけはその政治的緊張から逃れた場のようだ。

ソウルと言えば、李明博《イミョンバク》市長が主導し、二〇〇五年に市内中心部の清渓川《チョンゲチョン》の高架道路を撤去して川をよみがえらせた事例がある。今回は、二〇一一年より市長をつとめる朴元淳《パクウォンスン》氏のもとで行われたものだが、高架道路を撤去するのではなく空中公園としたわけだ。方法は異なるが、どちらも大規模で大胆な試みである。そして重要なことは、これらの事業により、都市の空間構成が大きく変わることだ。清渓川の場合は、再生した河川を公園としてデザインしたことで、「高架下」の暗いイメージだった川沿いが、いちやく表舞台としてにぎわいのある街に変わりつつある。

今回のソウル路の場合には、さらに積極的な試みが仕掛けられている。古いソウル駅そのものも、二〇一一年に「文化駅ソウル２８４」として建築当初の姿に復元されていたが、ソウル路の周辺地域に残されていた古い建物についても、ソウル市がそれを買い取り、建築家たちにさまざまな施設として再生させる事業を始めている。ソウル路を中核として、駅周辺の地域再生を実現させようとしているのである。

昨年、ソウルでは国際建築家連合（ＵＩＡ）の世界大会が開催され、それに合わせてソウル都市建築ビエンナーレも行われた。そこでのテーマは、世界の都市が直面している深刻な課題を共有することであった。その解決のための有効な方法として、既存の都市空間に新たな価値を与えて再生することが議論された。ソウル路は、その実践として登場したものと理解することができる。

　もちろん、事業の展開にしたがって、さまざまな課題や不具合も垣間見えてきているが、とりあえず、ソウル路が駅周辺の地域を確実に変えつつあることは実感できる。なにより、そこでの空間体験が与えてくれるわくわく感は、これからの都市にとっても重要なものであるはずだ。

ソウル路7017（ヴィニー・マース（MVRDV）設計、2017年）

afterword

ここでは書かなかったが、鉄道廃線跡を公園にするという事業では、ニューヨーク、マンハッタンの「ハイライン」（二〇〇九年）がよく知られており、最初にこの「ソウル路」を見たときにも、それを参照したものだなと感じた。実際に、米国では「ハイライン」の成功を受けて、それをまねた廃線跡公園がいくつかの都市でも登場してきている。日本でも、東京都が「海上公園ビジョン」の事業のひとつとして、使われなくなった晴海橋梁を遊歩道化する計画を進めている。ただ、「ソウル路」は清渓川再生から続く都市構造を大胆に変える再生計画の流れのなかに構想され、また、周辺の再生事業への発展が盛り込まれている。そうした構造化されたとも言うべき都市再生の計画の存在に、「ハイライン」にはない独創性を感じた。廃線跡だけではないだろう。都市公園とは、必要な公共施設として専用の用地を確保してつくるものだったが、さまざまな都市の余地からその敷地を発見する、そのほうが人と公園の距離がなくなるのではないか。都市公園の再定義がさらに進むことになるのだろうと思う。

14

リノベーションが主役となる都市再生

二〇一九年六月二七日付

米中貿易戦争により景気減速が懸念される中国だが、都市開発事業の勢いは衰えていない。とりわけ、注目すべきは上海だ。中心を流れる黄浦江の両岸には、使われなくなった埠頭や倉庫、工場、空港などが残されているが、それらの跡地を商業施設やオフィスの大規模な拠点空間によみがえらせる事業が驚くべきスピードで展開されている。

いくつかのマスタープラン設計には、日本の大手設計事務所が関わり、日本人の建築家が設計した施設も登場している。開発の特徴は、車ではなく公共交通によるアクセスを前提にした拠点開発で、日本で言えば渋谷や丸の内の再開発と同様のものだ。しかし、決定的に異なるのが大胆なリノベーションと現代アートによる演出的な見せ方である。

黄浦江の西岸(ウエストバンド)では、残されていたオイルタンクや飛行機格納庫などがアートイベント会場や美術館に再生され、それが拠点開発のシンボル的存在になっている。東岸(イーストバンド)でも、アジア最大の穀物倉庫だったサイロ状の倉庫が、やはりアートイベント会場として蘇った。さらに、川岸以外の内陸部でも、古い工場を利用した同様の開発が見られるようになってきている。産業遺産がアートスポットとして再生され、それを中核に商業・オフィスの拠点が建設されるという事業展開が定着しようとしている。

掲載写真は、穀物サイロを再生させたアート会場周辺の旧民生埠頭で進む、古い倉庫群を商業・テナント施設に再生させるプロジェクトの一つである。設計したのは、日本の建築家・岸和郎だ。方法はどうあれ、何らかの大胆なデザイン処理が必要となるリノベーションの設計に、一貫してモダニズムの持つ繊細な美しさを追究してきた建築家がどのように挑んだのか。外装のモルタルの一部だけを剥がして煉瓦壁を露出させ、その部分はガラスで覆うなどの細かい操作をパッチワークのように丁寧に建物に組み込んでいる。手法は大胆だが、配置とバランスの美しさで見せるやり方は、確かに岸和郎の作品だと思わせるものになっている。

産業遺産の再生が再開発事業の中核となる上海において、リノベーションはすでに特別なことではなくなっている。そのため、これまでのようにそれをシンボリックに見せるだけでは足りなくなっている。岸のこの設計は、リノベーションが、新築の設計作品と変わらずに、そのデザイン性を評価できるものになっていることを示している。そして、そのことが、現在の上海の状況を示すものとなっていると思えた。

上海旧民生埠頭倉庫リノベーション（岸和郎設計、2016年）

afterword

二〇二一年に、中国不動産大手の恒大集団のデフォルト危機が起こり、中国不動産バブルの実態が広く知られるようになった。この記事はその二年前だ。実は、紹介した岸和郎設計の施設も、取材した際には建物はとっくに完成していたのに、オープンする気配がまるでなかった。それは、その場所に通じる地下鉄の工事が完了していなかからだと納得したのだが、どうもそれだけではなかったのだろう。上海における再生事業は、旧来からの産業構造の転換を見据えた大がかりなものであり、そこに産業遺産のリノベーションと現代アートが巧みに使われることに注目した。もちろん、こうした都市再生の事業は、世界中で見られるようになっているが、その規模とスピードにとりわけ驚かされたのだ。しかし、それは中国における不動産投資の危うさの上に起こっていることなのだということも認識しておく必要があるのだろう。

15

物語を紡ぐ保存再生事業

二〇一九年九月二六日付

最近の韓国におけるインフラや建築をめぐる動きには、日本には見られない特徴を指摘することができる。とりわけ、首都ソウルでのさまざまな事業には注目するべき点が多い。

ソウルでは、実際に多くの建設プロジェクトが進みつつある。大規模なものとして、朝鮮王朝の昌慶宮《チャンギョングン》とその霊廟である宗廟《チョンミョ》の間を分断してつくられた道路を、上部に土をかぶせトンネル化する工事が進められている。ソウル中心部に広大な敷地を広げる二つの歴史遺産を、元あったようにつなげるためだ。二〇〇五年には、暗渠化されその上に高架道路が設置されていた中心部を流れる清渓川を、高架道路をあえて撤去して大胆に再生させたが、いまではそこににぎわいが戻ってきている。

建築に関わるプロジェクトでも、同様に場所の再生を目指すものが増えている。先日、市長のきもいりでソウルの中心部に「ソウル都市建築展示館」がオープンした。ほとんどを地下に埋めた建物の設計も見どころなのだが、展示内容も、個々の建築に注目するよりも、地域や都市をどう再生していくのかということが中心的なテーマになっている。

そうしたテーマにおける象徴的なプロジェクトが、ソウルワールドカップ競技場の隣地に一昨年整備された「文化備蓄基地」だ。そこには、一九七〇年代のオイルショックを受けて、政府により大規模な石油備蓄基地がつくられたのだが、ワールドカップを契機にその備蓄施設が他所に移設され、跡地を公園にする計画が立てられた。しかし、残された多くの石油タンクは、撤去するのではなく、それを活用した文化公園がつくられたのである。

興味深いのは、タンクの「保存」が目的ではないことだ。多様な活用の方法が試みられていて、文字どおり保存されたタンクもあるが、なかにはタンクを撤去し、それと同じ形でガラスの構築物をつくったというものもある。つまり、過去の石油タンクは、新たな施設をつくるための「契機」となっているだけだとも言えるだろう。

清渓川の再生などから、一貫してソウルで取り組まれているのは、都市がつくってきた物語を切断するのではなく、つなげていこうとする事業であると言えるだろう。それは、過去を価値づける文化財の保存・活用とは異なる方向性を示している。だからこそ、大がかりな事業が可能となる。ただし、その大規模な公共投資が経済不況が指摘される状況でどれだけの効果を生み出せるのかは未知数だ。しかしそれは、成熟した都市が仕掛ける新たな実験のようにも見える。

文化備蓄基地（2017年）
解体した石油タンクの外壁鉄板を使って新たに建造されたコミュニティセンター

afterword

この連載コラムでは、ソウルでの都市再生事業を何度かにわたって取り上げた。それは、たまたま学術調査のために韓国の出張が多かったということもあるのだが、世界的に見ても、一連のソウルの事業は特出した特徴を持つものだと言えるだろう。産業遺産を活用した都市再生では、世界中で試みられており、ドイツのIBAエムシャーパーク・プロジェクトなど、ソウルの例とは比較にならないような大規模で多彩な方法が見られるプロジェクトも登場している。しかし、それらは基本的に、産業遺産をリノベーションによる用途変更で再利用することを目指している。それに対して、この「文化備蓄基地」は、用途変更が難しいということもあるが、備蓄タンクをいったん壊して、その場所を象徴的に見せるという方法も採られているのだ。清渓川の再生などもそうなのだが、破壊と保存がセットになった事業というのが興味深い。物語的保存とでも言うべきこの一連の再生事業が、どのように都市のなかに定位していくのか見守っていく必要がありそうだ。

第三章

建築作品のつくり方

建築を「作品」としてつくるにはどうしたらよいのか。阪神・淡路大震災、東日本大震災、そして構造計算偽造や国立競技場問題と、建築をとりまく状況が大きく揺さぶられていくなかで、建築家が置かれる立場や役割は大きく変わっていった。という か、変わることを余儀なくされた。そこで、対峙しなければならなくなったのは、社会状況が変化するごとに、さらに巨大で網羅的なものへと変貌していく社会システムである。そのなかに建築を「作品」として成立させることはますます難しくなる。一方で、「作品」であることを止めてしまうという選択肢も登場する。強靭な社会システムの下ならば、そのなかで共有されている仕組みや、埋もれている価値を拾い出し、それを建築化しようとすることが、むしろ創造的な行為になるのではないか。確かに、そこからシステムを相対化して捉えることも可能となるかもしれない。そうした模索が続けられることとなった。

01

個別解から一般解へ

二〇〇〇年九月一八日付

建築作家たちが、民間ベースのいわゆる建売住宅の設計に挑戦するという興味深いプロジェクトが、関西で二つ進んでいる。

一つは、兵庫県西宮市の「西宮苦楽園プロジェクト」。建築家の遠藤剛生がコーディネーターを務め、岸和郎、木村博昭、隈研吾、小嶋一浩、竹山聖、元倉眞琴らの建築家が、個別の住宅の設計を手がける。計画地は阪神間の高級住宅街に立地するため、「高品位の街」を目指していて、建築家としての高い設計能力が求められた。六二区画にひな壇造成された敷地の一部に、すでに第一期の住宅七棟が完成している。

もう一つは、南海電鉄が大阪府・熊取町で進める「つばさが丘」である。こちらは、建築家の江川直樹をマスター・アーキテクトに迎え、木村博昭、吉井歳晴、長坂大が設計者として参加している。計画戸数が一三〇〇という広大な計画地で、その最初の物件に、建築家による個性的な住宅を提供しようという試みだ。現在、江川が設計した第一期の住宅に隣接して三人の建築家の住宅が建設中である。

二つのプロジェクトの購買層は対照的である。西宮苦楽園は、すでに完成している一戸あたりの分譲価格が二億円を超えるというものだが、つばさが丘の方は定期借地権も導入して二〇〇〇万円台という一般向けの価格となっている。

しかし、どちらも通常の開発とは異なる付加価値を、建築家の設計に期待しているという点では同じである。そして両プロジェクトとも、これまでの建て売りとは一線を画する質が実現されている。だが反面で、それぞれの建築家がこれまでの住宅設計で見せてきた独創性は希薄になっている。それは、端的に言って、施主の見えない「一般解」を設計に求められた戸惑いであると言えるだろう。

家族やその生活に対する思いが、これだけ多様化している状況において、住宅のあり方を「一般解」として提示することは困難なはずである。だからこそ、建築家はこれまで、個々の施主とのやりとりのなかで「個別解」を見いだし、それを空間としてつくり出してきた。そして、その創造的行為が建築家の能力として評価されてきた。それに対して、住宅産業による住宅供給は、住宅を商品化することで、ユーザーに住宅のさまざまな商品価値を提示して販売するという、商品開発の方法を開拓してきた。そこでは、ユーザーが住宅をつくるのは、創造ではなく選択になる。提示される商品のなかで、スタイルだけでなく、価格、性能も含めて自分たちに相応しいものがどれかという選択だ。

建設中の「つばさが丘」（大阪府熊取町）

　したがって、こうした商品化住宅、とりわけ建売住宅のようなものの設計に、建築家が関わることほとんどありえなかった。しかし、商品化の限界が見えはじめたということなのだろう。価格や性能を追求するだけでは、同じようなスタイルしか生まれず、商品としての差別化ができなくなってきた。そこで、空間のスタイルや質も問われるようになり、建築家が求められたということであろう。

　では、いきなり施主の顔が見えない住宅の設計を求められた建築家はどうしたか。参加した何人かの建築家に話を聞いたが、やはり仮想の施主を想定しているようだった。もちろん、具体的なイメージではなく、より漠然としたユーザー像ではあるが。そこには、「一般解」に近づけようとする工夫が見られた。しかし、そのことにより、その空間には、どうしても生活のリアリティが希薄な空疎感のようなものが感じられるのも事実である。

　ただし、別の意味での可能性も発見できた。それは、これまでの建築家の住宅設計では決して見ることのできなかった、建築家相互の影響関係だ。特にコストの制約が厳しいつばさが丘では、それが形態だけでなく、色や素材、さらには住宅間の庭や通路の配置にまで及んでいて、これまでの定型化されたひな壇型造成の姿を変えてしまう勢いさえ感じられて興味深い。

いずれにしても、二つのプロジェクトの住宅が商品としても価値を持つかどうかは、これから試される。新しい住宅設計の可能性が提示されることを期待して見守りたい。

afterword

「西宮苦楽園プロジェクト」は、建築家・遠藤剛生に選ばれた建築家が、限られた敷地のなかで自由に作品を設計したものだ。共通しているのは、「白い家」、つまりモダニズムの住宅である。それは本来は屹立するものであり、それが建ち並ぶ姿というのは、かなり異様な景色となった。その異様さは、このプロジェクトが一つの実験であったことを示している。一方で、「つばさが丘」は、広大な敷地でのプロジェクトの最初の販売（「街びらき」と称した）を飾る、いわば広告として、建築家に設計が依頼されたものである。その後「つばさが丘」は、二〇二一年現在で三二〇〇人以上の人口をかかえる巨大な住宅地に成長しているが、そこには、同じ形態の住宅が延々と続く、大都市郊外に普通に見られる街並みが実現し、建築家が手がけた住宅はそのなかに埋もれてしまっている。この二つは、商品住宅に建築家が関わるという点では共通していたが、建築家に要請された役割はまるで違っていた。そのことは、その後の状況からも明らかにされるのだが、どちらにしろ、結果的に商品住宅のあり方を変える契機になったわけではなかった。住宅の商品開発力は、ますます洗練されていき、建築家の創造力がそこに関わることはますます難しくなっている。

02

非作家性とプロトタイプ

二〇〇〇年一二月一三日付

今年公表された、建築をめぐる文章のなかで、「作家主義」をめぐって書かれたものがいくつかあった。建築家とは、どういう意味において「作家」なのか。それはかなり本質的なことを問う議論であろう。そのなかで、二つの文章から考えてみたい。

一つは、飯島洋一の「『崩壊』の後で――ユニット派批判」(『新建築住宅特集』八月号)である。最近、ユニットを組んで活躍する若手の建築家たちが目立つが、彼らは個人名をあえて名乗らないことで、非作家性を主張しようとしてる。それを飯島は、一九九五年の震災・オウム事件による「崩壊」の後にやってきた空虚感に基づくものだとする。そして、それは六〇年代後半から七〇年代にかけて文化全体を覆っていた気分と同質のものであり、ある種のニヒリズムだと批判した。

やや乱暴な議論であり、この文章をめぐっては多くの反発もあった。私も特に、作家性を否定することを空虚感として捉えることに根本的な違和感を覚えた。ユニット派とみなされる建築家たちの仕事は、実際には、社会に対して常に前向きである。その姿勢は、ニヒリズムとはむしろ遠いところにある。彼らが作家性を否定しようとするのは、作家であることを主張することで隠されてしまう、表現のあいまいさを排除したいと考えているからではないのか。

しかし、ニヒリズムという指摘は当たらないとしても、彼らユニット派に対し、飯島と同様に何らかの「苛立ち」を感じる建築家も多いのではないか。空間を創造するという行為には、最終的に理論や言葉では説明できない部分が含まれるはずだ。だとすれば、そうした創作行為のすべてを説明できるものとし、だからこそ仲間たちとフラットな関係を共有する設計ができるはずとする彼らの態度には、ある種の物足りなさを感じることになるだろう。

もう一つの文章は、異なる立場から作家主義への批判が主張されている。居住者だけがアクセスできる特異な中庭（コモンスペース）を中心に設計された熊本県営保田窪第一団地（一九九一年）を題材に、社会学の立場からそこでの生活実態を調査した上野千鶴子と、設計者の山本理顕が行った対談（『建築雑誌』日本建築学会、一〇月号）である。上野は、この団地の形式をまねた追随事例が、その後登場しなかったことをもって、山本の仕掛けた空間のアイデアがプロトタイプとならなかったとし、プロトタイプをつくれないことは建築家の想像力の貧困と怠慢だと批判した。さらに、その背後には、ユーザーサイドに立とうとしない建築家の作家主義があるはずだと指摘した。

もし仮に、建築家の創作行為のすべてが理論的に説明可能なものであるならば、確かにプロトタイプ、つまりその時代に一般性を持つ理想モデルをつくれないのは怠慢ということになるだろう。しかし、すべてを説明することなど可能なのだろうか。多様で変化しつづける現実の社会だが、その社会のありようを説明することは可能であろう。しかし、そこから理想の空間を考えることは難しい。そこには何らかの仮説と提案が求められることになる。そして、そこにこそ、建築家の創作能力が求められる。山本が「これがプロトタイプにならないのは作品だから」と説明しているのは、まさにそういうことなのだろう。もちろん、そこでの提案が、社会とずれてしまうことも起こるだろう。それでも、建築家は常にアイデアを出しつづけるしかない。保田窪団地はどうだったか。実際には、上野も認めるように、山本の仕掛けは、住み手の柔軟な住みこなし方を確かに誘発している。

社会の理想像を論理的に空間化するという建築学は、あまりにも多様で流動的な社会において、ほとんど意味を失ってしまっている。だからこそ、建築家の「作家」としての部分がどこに残されているのか、改めて考えないといけない時期にきている。

afterword

ここでユニット派としているのは、みかんぐみやアトリエ・ワンを指すわけだが、この後、飯島はそのユニット派の批判をさらに先鋭化したとも言える「反フラット論——『崩壊』の後で2」（『新建築』二〇〇一年一二月号）を発表した。そこでは、フラット派の活動を、身近な環境をすべてフラットに捉えることで表現意欲を放棄してしまっており、だからこそその外部にある現実を見ようとしないものだと断罪している。もちろん、これに対しても批判が噴出したが、確かに、内部と外部を区分する境界が曖昧になってしまった世界では、身近な細部から思考を組み立てようとすることにこそ表現の根拠があるとも思えるし、そのことは、この後、グローバル資本主義のさらなる拡充が進んで行くにしたがって、さらに明らかになっていったと言えるのだろう。レム・コールハースが暗示したように、この社会システムの支配力が行き着くところまで行ってしまうと、あとは表層的な差異の操作しか、建築家の仕事は残されていないということなのだろうか。しかし一方で、この後、安藤忠雄、SANAA、隈研吾、坂茂などの日本人建築家が世界を席巻する活躍が目立つようにもなっていく。ただし、そこでは大胆な造形の革新性よりも、そこに託された社会的な物語＝プログラムへの評価が大きかったということだろう。それは、建築というよりも、広い意味で捉えたランドスケープとしての評価だと解釈できる。いずれにしても、もはや作家主義という言葉自体が、陳腐化してしまっている。

03

正直さが生み出す唐突感

二〇〇一年三月一九日付

最近、アトリエ・ワンやみかんぐみなどを代表とする三〇代の建築家グループの活躍が目立つ。そして、そのスポークスマン的なまとめ役を買って出ているのが、同世代の建築史家の五十嵐太郎だ。建築界における「つんく」と評されるほどの彼の活躍のおかげで、われわれは彼ら若手建築家たちに共有されている問題意識をかなり明確に知ることができる。

彼らは、作家性やモニュメント性など、建築の内側に閉じるコンセプトを嫌う。建築の外部の状況に着目し、そこにあるさまざまな所与の条件を整理し、それを根拠として造形を組み立てようとする。そこでは、「普通」であることや「日常性」が重要となる。

ただ、ここで難しいのは、そう考えたときに、これまでの建築の造形をつくり出す方法論とは異なる、新たな方法を自前で用意しなければならなくなるということだ。この点においては、まだまだ建築家たちの議論は十分ではない。五十嵐も、そうした論理の構築に向かおうとしない建築家たちに対しては、不満を持っているようだ。

しかし一方で、三〇代の建築家たちの作品を見ていくと、つくり出す具体的な造形のなかにもいくつかの共通した特徴を見いだすことができる。それは決して自分たちで自覚しているものではないのだろうし、何らかの方法論で実現されているものでもないだろう。それでも、従来の建築には見られない特徴がはっきりと見てとれるのだ。

たとえば、玉置順の「トウフ」(京都市)や「ハカマ」(宇治市)と名づけられた住宅作品。ネーミングからして唐突だが、写真に見るように外観にも驚かされる。真っ白い壁に、深くくぼんだ窓が開けられている。一見するとモダニズムの「白い家」であり、窓のくぼみは、くぼみの分だけの壁の厚さがあることを正直に表現したものだと思ってしまう。しかしどこか変だ。裏に回ると、壁そのものはとても薄くて、くぼみは壁の厚さを示すものではなく、物入れになっている。まるで「はりぼて」のようなものである。そうした独自の造形が随所に仕組まれている。そして注目されるのが、なぜ「はりぼて」なのか、作者にもこちらにも説明がつかないことだ。

　あるいは、五十嵐も注目しているというタカマスヨシコの「考えごとの家」（鳥取県米子市）もそうだ。建築家自身の小さな自邸だが、二階の床のまん中が高くなっていて、それが大きな座卓になっているが、その下には床はない。つまりその座卓に座ると、足は一階に向けて宙ぶらりんになる。いままで経験したこともない不思議な空間だが、単に奇抜さをねらったものではないことは納得できる。

　彼らの造形は、共通して唐突でぶっきらぼうである。それは既存の方法論に頼っていないからである。自らのアイデアを、できうるかぎりストレートに形にしてしまっている。そこには、何らかの方法論を洗練させていくといった丁寧さは見られない。

　建築が置かれた状況をありのまま受け入れて、そこに建築の根拠となるものを素朴な形で見いだそうとする。それは、アトリエ・ワンやみかんぐみの作品にも、共通して見てとれるものだ。しかし、彼らの場合には、常に外部としてある社会から位置づけられる状況を根拠としようとする。玉置やタカマスの例は、そうした社会性からも自由であり、だからさらに唐突に見えるものとなる。この自由さは、確かに魅力なのだが、それが何らかの論理に展開することを想像することは、いまのところ難しいのも事実である。

ハカマ（玉置アトリエ設計、1998年）

「考えごとの家」を見せてもらったとき、いきなり土地を買って、いきなり自邸を建ててしまった勢いに、自分自身でも驚いてるようすだった。ただ、そのことも含めて、自由に建築をつくれたことが、その後の彼女の活動の契機となっているのだろう。その後、空間について考える楽しさを一般の人にも知ってもらう活動に取り組み、家づくりの子どもワークショップのための「立体着せ替えハウス」（二〇〇三年）をつくり出し、親子で工作できるようなル・コルビュジエのドミノシステムの模型キットをつくったりしている（二〇一六年）。伝統、技術、制度、そして造形理論も含めてだろうか、建築をつくり出すことは、何層にも重ねられた制約のなかで、ようやく実現できるものになっている。しかし、本来は建築空間を構想することは素朴で誰でもできることだ。そのことを、彼女は建築の外側にいる人々にも伝えたいと考える。教育者（米子高専教員）としての意識もあるのかもしれないが、いわば社会と建築の間に何らかの回路をつなげたいという思いがあるのだろう。ここで指摘している素朴さや唐突さは、建築をめぐるさまざまな制約から自由であろうとして表現されたものだ。それがどのような理論をつくり出すか、ということが期待される。いやそうした発想自体が、制約にしばられたものなのかもしれない。

04

センスや人生観がデザインに

二〇〇一年一二月一三日付

最近、一般向け雑誌、とりわけ女性誌などが建築やインテリアの話題を取り上げることが増えている。今年はそれが特に目立ったように思う。しかも、取り上げ方が明らかに変わってきた。従来の、装飾に対する偏愛を思わせる少女趣味や「ゴージャス」系の趣味に代わって、最近は、洗練されたモダニズム・デザインに対する嗜好が目立っている。

建築・インテリアの作り手の業界では、モダニズム・デザインはいまでもその基調をなしているわけだから、この傾向は、作り手と消費者の趣味性が近づいたということになるのだろうか。しかし、そう単純な話ではない。

たとえば、誰もがこの傾向を先導してきたと認めるであろう『カーサ・ブルータス』(マガジンハウス)が、今年取り上げた建築家や作品を並べると、柳宗理、バックミンスター・フラー、ケース・スタディ・ハウス、イームズ、F・L・ライト。みなモダニズム・デザインとはいっても、その開拓者ばかりである。そして、今年東京と大阪で開催された「イームズ・デザイン」展には、多くの若者がつめかけ、ちょっとしたブームにさえなった。イームズは、一九五〇～六〇年代にかけて住宅・家具デザインをリードした作家であるが、その作品は、いまやほとんどモダニズムの「古典」とも言えるものだ。なぜ、こうした「過去」のモダニストたちに人気が集まるのか。

その疑問は、雑誌の特集内容や、イームズ展の会場構成を見るとわかってくる。そこには、モダニズム・デザインそのものだけでなく、いやそれ以上に、それをつくり出した作家の生き方に一貫するモダニストとしての「センス」、そしてそれがつくり出す世界観を表現しようとしているのだ。読者や展覧会に集う若者たちも、そこに魅了されているのであろう。

消費社会は、「モード」を発明し消費の欲望を生産しつづけることで、資本主義社会の成長を止めないことを実現してきた。ただ、この欲望の再生産というシステムが、今、確実にわれわれの時代の気分と齟齬をきたしている。そこで、人々を引きつけるのは、商品世界の「モード」に飲み込まれないセンスや世界観ということになるのだろう。モダニズム黎明期の作家たちは、まさにその世界を見せてくれる存在なのである。

過去のものだけではない。男女の外国人ユニット、クライン・ダイサム・アーキテクツの神出鬼没なデザイン活動が最近人気を集めているが、これなども同様に考えられるのではないか。工事用の仮囲い、仮設のパビリオン、トラック野郎の「デコトラ」をヒントにしたギャラリー計画など、その作品はウイットにあふれているが、従来の作家的な意味での作品への一貫したこだわりをそこに見いだすことは困難だ。しかし、彼らのその自由奔放な活動こそが、単なるデザインの再生産というシステムの制約から自由であることの証しであり、魅力の本質なのであろう。

彼らの後見人的な存在でもある建築家・伊東豊雄は、「彼らの『センス』や『おしゃれな感覚』の独自性は彼らの生き方そのものからくる」と指摘している。そこには、「モード」の再生産の仕組みから逃れる方法が示唆されていると考えることもできるだろうか。

UK98 pavilion
（クライン ダイサム アーキテクツ設計、1998年）
［提供：クライン ダイサム アーキテクツ］

afterword

モダニズム・デザインは、基本として構築する強い意思が必要となる。これまで、モダニストの紹介とは、その強い意志を魅力ある生き様として物語化することであった。現役のモダニストでも、安藤忠雄は「闘う建築家」として語られる。しかし、ここで取り上げたのは、そうした闘う意思ではなく、その生き方に垣間見えるセンスであり、「おしゃれな感覚」である。『カーサ・ブルータス』やイームズ展には、そうした新しいモダニズムの描き方が見てとれた。クライン・ダイサムの魅力は、確かに構築する意思が弱い、というか薄められていることであろう。さまざまな都市のデザインを彼ら独自の視点から集めてみたり、構築の作業＝設計とは異なるフェーズで、自分たちを表現しようとする。これは、塚本由晴らの不思議な建築物を集めた『メイド・イン・トーキョー』（鹿島出版会、二〇〇一年）や『ペット・アーキテクチャー・ガイドブック』（ワールドフォトプレス、二〇〇一年）にも通じるものであり、都市のなかに自らが潜り込む姿勢を見せることで、建築をつくる強引さから逃れていると理解できる。そうした構築の意思をあえて『負ける建築』（岩波書店、二〇〇四年）として否定することを、自ら物語化したのが隈研吾ということになるのであろう。もちろん、彼も構築する側にいることを自覚しつつも、そこからどこまで逃れられるかを実践しているわけだ。しかし、こうした構築のイメージを回避するという方法が、どれだけ「モード」の消費システムから自由になれるのかは、まだわからないままだ。

05

足し算の方法

二〇〇四年六月三〇日付

建築史家であり建築家である藤森照信が、京都で茶室をつくったというので見てきた。小さな作品だが、藤森の作品世界が凝縮していて、それが持ち得る意味の大きさを改めて考えさせられた。

今回訪れたのは、藤森がその美術館を手がけた日本画家・秋野不矩の末子で、陶芸家の秋野等さんが住職をつとめる徳正寺（京都市下京区）の奥庭につくられた小川流煎茶の茶室だ。相変わらずの不思議な造形で、栗の木が支えるかっこうで、地面から浮いているように見える。

ニラを屋根に植えたニラハウス（赤瀬川原平邸・日本芸術大賞）などに代表されるように、藤森の作品は、常に奇抜である。しかし、その奇抜さは、着実に建築として成立するものへと消化されている。建築的な世界が確実にそこには構築されているのだ。だからこそ、その作品世界は、建築設計の世界にとって無視できない「厄介な」存在になっているのだと思う。

基本になっているのは、素材へのこだわりである。この茶室でも、内部のワラスサ入りのしっくいなどに、そのこだわりが見てとれる。そして、その前提にあるのが、モノへの執着である。藤森は、抽象的な空間に立ち向かうよりも、直接モノに対峙しようとする。そのため、現場での徹底したつくりこみが行われ、それが結果として、建築としての存在感を実現している。そして重要なことは、その存在感がモダニズムと異なる位相を、われわれに提示していることなのだ。

ポストモダニズムをめぐる議論が宙吊りにされてから長い時間が経過した。その間に、モダニズムは、その見せ方においてさまざまな洗練を繰り返し、それに多くの人が魅了されるようにもなった。一般向けの雑誌までもが、ライトやル・コルビュジエを特集し、モダニズムブームともいえるような状況もやってきた。藤森がつくりこむ作品は、そうして延命し一般化したモダニズムとは、明らかに異質なものである。

同じように素材とその文化性をテーマとした建築家としては、ピーター・ズントーがいる。しかし、彼がつくり出す造形は、安藤忠雄らと同列にミニマリズム建築にくくられたりもする。つまり、不要な要素を極力排除していき、静謐な空間を実現する。その手法は「引き算」であり、モダニズムが築いた方法なのだ。これに対して、藤森の作品は「足し算」の要素が色濃い。さまざまなモノが、躊躇なく追加されていく。

寺の躍を囲む壁の隅につくられた徳正寺茶室・矩庵
(藤森照信設計、2003年)

今回の茶室でも、茶室の前に、アーチ型のル・コルビュジエへのオマージュと、波打つ形状のダリへのオマージュが、芝生の造形として唐突につくられている。

こうした「足し算」のセンスを支えるもの。おそらく、それこそがモダニズムとは違う造形世界を切り開く素地となるのだろう。しかしそれは、いまのところ、藤森ワールドとも言うべき、建築史家としての知識に裏打ちされた独自の物語世界であるとしか言いようがない。今回の茶室も、モノの一つひとつに込められた藤森の物語が、多くの人々をひきつけ、建築工事さえもイベント化してしまっている。

モノを物語化する。これがどれほど普遍的な力として有効なものなのか。まさに、そのことを問う必要があるのだろう。

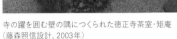

afterword

この連載コラムでも、この後、何度か藤森作品を取り上げる。それは、そこにモダニズム・デザインから逃れた自由さのようなものが感じられる、という意味で重要だと判断しているからだ。藤森作品にはモダニズムの造形の基本となる、引き算によって洗練・抽象化するという作業の跡が見られない。しかし、一方で、その作品には明らかに藤森の強い構築への意志が見てとれるのも事実だ。それは、この後の作品になるほどさらに明確になっていく。その意味では、藤森の作品世界は、モダニズムの本質からは外れるものではないとも言えるのだろう。藤森の紡ぐ造形には、歴史家としての深い造詣に基づく、建築としてのプリミティブな表現が込められており、それが魅力になっている。しかし、そもそもそうした表現は、アノニマスな伝統世界のなかで、あくまで発見されるものである。にもかかわらず、それが新たに構築する表現として登場する。だから、それは奇抜なものとして見えることになるわけだ。このパラドックスにこそ、藤森世界のおもしろさがあり、同時にそれが普遍化することの難しさがあるのだろう。

06

与件から組み立てる設計

二〇〇四年一〇月四日付

一五〇平方メートルの舞台に、二〇〇席を持った劇場を、一〇〇〇万円以内でつくるという、常識を覆すような建築行為について考えてみたい。

大阪市と大阪都市協会は、劇場の相次ぐ閉館という事態を踏まえて、二〇〇五年に大阪市内に小劇場のための「仮設劇場」を誕生させることを計画し、デザインのコンペを実施した。その要件が、どこでも設置可能であることを前提とし、右のような規模と予算となったのだ。そして、この条件に挑戦し、大賞を射止めたのは、北海道佐呂間町の建築家・五十嵐淳だった。

五十嵐は『新建築住宅特集』の新人賞である吉岡賞を昨年受賞した。上質なモダニズム作品が評価されるが、同時に、住宅の厳しい与件に、素材の工夫などで軽やかに対応する手腕がある。今回も、その手腕がものをいったと言えそうだ。二百数十本のビニール製円柱で劇場の内外を仕切る仕掛けとした。安価な壁でありながら、それを押し広げれば出入り口にもなるという素材を持ち込み、従来の劇場にはない空間の質を予感させる。

劇場建築とは、本来であれば大規模な空間が必要とされ、舞台、観客席に多くの形式が存在する。それも設計の与件となるが、そこで何よりも要求されるのは建築物としての偉容であり格式だ。そここそ建築家の空間を構築する力が試されることになる。この「仮設劇場」はそれとはまったく逆の意味での厳しい与件が与えられたわけである。しかし、五十嵐は実に巧みな仕掛けにより、その見事な対応を提示している。そこには、構築する意思を強く打ち出す従来の建築家とは異なる設計の態度を読み取ることができるだろう。

設計グループ・みかんぐみの一九九八年のマニフェスト「非作家性の時代に」(『新建築住宅特集』一九九八年三月号)以降、自ら創造する新しい造形を提示するより、そこに与えられた条件をそのまま受け入れ、そこから素材や仕組みを考えようとする設計が、若い建築家に確実に広まりつつある。そこでは、その与件が厳しいほど、それに応える仕組みやデザインに建築家の創造力が発揮されることになる。五十嵐は、みかんぐみなどよりもさらに若い。この「仮設劇場」の取り組みは、彼にとって、そうした与件から組み立てる設計の能力を試す場としてあったのだろう。だからこそ、そこでのアイデアは、実に素朴で気負った部分が感じられず、だからすがすがしい。

五十嵐淳設計の仮設劇場(2005年)。ビニール製円柱が劇場の内外を仕切り、布製のカーテン内に客席と舞台が設けられる
［撮影：新建築社写真部］

しかし一方で、たとえ仮設だとしても、劇場である。たとえば、安藤忠雄の唐座(一九八八年)も仮設建築だったが(といっても建設費は二億以上)、どこかで赤テントのアバンギャルドを彷彿させるデザインとなっていた。「仮設劇場」であっても、小劇場がつくり上げてきた独自の文化への応答が垣間見られる仕掛けがあってもよかったはずだという指摘もあり得るだろう。みかんぐみなどにも共通することだが、与件から組み立てる設計手法には、与件として読み解く範囲が歴史や文化にまでおよぶことがないという点に危うさが感じられる。

ただし、この「仮設劇場」は、そもそもそうした過去の劇場の文化からふっきれた新しい空間をつくることを目指していたとも理解できる。この「仮設劇場」に漂う平板なイメージは、だからこそ意味を持つことになるのだろう。そこでの劇場文化とは、この空間とともに、新たに築かれていくことになるわけだ。そう考えると、この実験的ともいえる空間的試みは、今の時代においても残された文化的フロンティアを示すものとして興味深い。

afterword

なんとも煮え切らない結論になっているが、この「仮設劇場」の真の価値は、この簡易な空間を、劇場としてどのように使いこなしていけるのか、いわば実証実験の仕掛けを提供したということにあるのだろう。実際にこの後、多くの小劇場の劇団によって、さまざまな使い方が提案された。円形を活かして、観客が演者を包囲する。あるいは、包囲しながらも、向かい合うような扇型形式で利用する。あるいは円形のまん中を演者が通り抜けるなど、この特異な空間に触発されたさまざまな空間構成が考えられた。確かに、演劇の空間として一つの実験の場を提供したという意味で、五十嵐が作り出した空間は価値を持った。ただし、これが仮設であり、実験の場であるということが重要なのだろう。「非作家性の時代に」、与件から組み立てるという設計のあり方は、仮設ではない場合でも、どこかで仮設的というか、一回性にかけた表現としての宿命を背負っているように感じられる。

07

村野藤吾の公共建築

二〇〇五年一二月一九日付

私の勤める京都工芸繊維大学の美術工芸資料館で、寄贈を受けた図面類を展示する、村野藤吾の建築設計図展が開催されている。七回目となる今回のテーマは「村野藤吾と公共建築」である。展覧会に合わせて、鈴木博之（建築史）、高橋靗一（建築家）らによるシンポジウムが開催された。私は司会をつとめたのだが、そこでの建築の公共性をめぐる議論は、現在の建築がかかえる課題の本質を問うことになったように思えた。

　大阪を代表する建築家である村野藤吾（一八九一～一九八四年）が残した作品群は「公」ではなく「私」の領域においてその価値を発揮した、とするのが一般的な評価である。しかし、村野は米子市公会堂（一九五八年）、横浜市庁舎（一九五九年）、尼崎市庁舎（一九六二年）など公共建築にも多くの傑作を残している。こうした作品が生み出された五〇年代から六〇年代にかけては、戦後民主主義とモダニズムが主導するかたちで、公共性の表現が無装飾の四角い箱へ定着していった時期である。村野の作品も、その枠のなかに収まっていた。しかし、収まりながらも、彼は装飾的な演出をさまざまな方法でもぐりこませた。シンポジウムでは、束縛のなかでの表現であったからこそ、村野の演出的な巧みさがより発揮されることになったという指摘がなされた。

　しかし、村野の演出的な表現は、その後つくられていく公共建築で一般化されることはなかった。公共施設が求める合理性を忠実に表現するために、モダニズムの四角い箱からは、演出的な装飾部分はほとんど排除されていったと言ってよい。だからこそ、村野の演出的表現は、いまでは例外的なものとして、そこに込められた企図をあえて解釈したくなる対象となる。

　ポストモダンの議論は、一九七〇年代に建築家・ロバート・ヴェンチューリが、禁欲的に装飾を否定したモダニズム建築を批判するところから始まった。ならば、村野の公共建築における装飾は、そのポストモダンの先例ということになるのだろうか。しかし、村野の装飾的表現は、階段まわりや壁面や柱の一部など、きわめて限定された部分に限られている。建物の全体は、見事な箱形の合理主義デザインである。見どころは、その装飾的な部分を、きわめて巧みにモダニズムの箱に忍び込ませていることなのだ。それにより、四角い箱は、画一的で退屈なものから逃れている。それは、建築と人間の距離を近づける仕掛けとなっているという言い方もできるだろう。それは、ポストモダンのように、反モダニズムとして構えたものではない。ここが魅力であり、同時に解釈するのに手強い部分である。

　いずれにしても、図式的に、型式的にとらえてしまいがちな近代合理主義の建築に、村野はそれだけではとらえられない部分を加えていた。今回の耐震偽造問題で改めてわかったことは、建築をひとつの文化としてとらえる認識が社会から欠落してしまっていることだろう。強度偽造のマンションを販売したのは「安さ」と「広さ」で急成長した業者であったという。そうした状況のなかで、村野の仕掛けた装飾は、その技法としてだけではなく、それが持ちえる意味や価値についても考える必要があるのだろう。

横浜市庁舎（村野藤吾設計、1959年）

afterword

京都工芸繊維大学における村野藤吾建築設計図展と、それを主催する村野藤吾の設計研究会による活動は、この後も続けられ、二〇一一年にも「第一五回・村野藤吾によるリノベーションの作法」展が開催された。そこに至るまでも、「村野藤吾と建築写真」「村野藤吾と一九四〇年代」「文化遺産としての村野藤吾作品」「村野藤吾・晩年の境地」「都市を形づくる村野藤吾のファサードデザイン」「村野藤吾の住宅デザイン」など、魅力的なテーマの展覧会が開催され、作品分析に基づく図録も作成されてきた。それは、同大学に寄贈された村野の資料が膨大であることもあるが、やはり村野藤吾という建築家の仕事が、図式的に単純に理解できるものではないからなのだろう。確かに、何かに似ている（実際に出典がわかるものもある）、しかし何にも似ていない、というその独創的な表現は、建築デザインの歴史の本流から少しずつずれながら、いまでもそれをどう解釈するかは課題でありつづけている。

08

ブリコラージュの方法

二〇〇八年一二月二五日付

建築家・村野藤吾の人気が高まりつつあるようだ。今年東京で開催された「村野藤吾 建築とインテリア」展は特に盛況だったようで、村野の作品をめぐるツアーまで企画された。京都工芸繊維大学の美術工芸資料館では、一九九九年から毎年、村野藤吾建築設計図展を開催してきたが、第一〇回となる今回は、実現されない作品を集めた「アンビルト・ムラノ」展として開催されたが、これも盛況だった。

日比谷の日生劇場や広島の世界平和記念聖堂、大阪の新歌舞伎座などに代表される村野の作品は、独特な装飾性に彩られている。同じ時代に支配的であった近代合理主義の造形を基本にしながらも、そこからは常に一定の距離を保とうとしている。そのため、これまで建築家の間での評価は、はかばかしいものとは言えなかった。

村野藤吾建築設計図展のシンポジウムでパネリストをつとめた建築家・宮本佳明も、東大の学生時代に「隠れ」村野ファンであったことを告白した。大っぴらに村野を評価することがはばかられたからだという。

ではなぜ今になって、村野藤吾が注目されるようになったのか。村野の設計手法は、一筋縄で捕まえることができない。さまざまな装飾的要素にしても、それは、過去に建築がつくり出してきたさまざまな造形を職人的手つきで寄せ集めて組み立てている、いわばブリコラージュとも言うべき手法だ。禁欲的なモダニズムが支配的であった時代に、そうした手法は、かなり思い切った挑戦であっただろうし、そこでつくられる造形は、孤高の存在になったはずだ。

しかし今、われわれの生活はまさにブリコラージュのなかにある。建築空間がどこまでもつながり、境界があいまいになり、彩られる広告がさまざまな演出的テーマを短いサイクルで展開する。そうした生活のなかでこそ、次々と装飾が展開していく村野作品に、建築のリアリティが見いだされるのではないか。

とはいえ、村野の装飾は広告にはなりえない。それ自身で圧倒的な存在感を持ちえており、それが消費されることはありえない。コラージュしながらも、建築の全体のなかに、その一つひとつが見事に定着している。そこには、構築する強度のようなものが確かに存在する。そのことが、いまでも村野作品が魅力を持つ理由であり、それがなぜ可能なのかが、謎でありつづけている。

アンビルト・ムラノ展より「宇部ゴルフクラブハウス」
(村野藤吾設計、1937年)

具体的な作品や装飾をあげるときりがないと思ったのだが、抽象的な言説だけでわかりにくい記事になってしまっている。ここで、ブリコラージュとしていることがどのようにして実現しているのか。それは残された大量の図面を見ていくとわかってくる。図化された線の上に、修正を促す大量の手書きのメモが加えられている。そして、現場においても建物を彫塑するように躊躇なく設計の線は変えられていく。施工者泣かせということなのだが、そこに職人的な取り組みが指摘される。ただ、その職人芸を、神格化して語っても意味がないだろう。重要なのは、設計図面が、それでもインターフェイスとして機能していることだ。つまり、近代建築の方法を使いながら、ぎりぎりのところで職人技が発揮される。しかし、CADによる現在の設計システムのなかで、そうした技が介入することはほとんど不可能だ。というよりも意味がないだろう。村野に見られる彫塑とも言えるような職人的造形は、これから何によって実現できるようになるのだろうか。インターフェイスのあり方も変える必要があるのか。そこまで思いをめぐらしたくなってしまう。

09

今のリアリティを反映する

二〇一〇年一〇月七日付

今年で二回目になる「建築新人戦」を見てきた。大学の建築系学生の建築課題作品を審査するコンテストだ。二〇〇三年より始まった「せんだいデザインリーグ卒業設計日本一決定戦」が、全国の建築学生を巻き込んでいくようになったのに対して、主に関西の建築設計系の教員・学生が、その在学生版とも言うべきものとして立ち上げたイベントだ。卒業設計ではなく、三年生までの課題作品を対象とした審査講評会である。全国から四七〇点もの応募が集まり、大阪の梅田スカイビルで展示会を開催し、その上で優秀作品を選ぶ公開審査会を行った。

大学における建築学教育においては、卒業にさいして、学生が自由にテーマを設定した卒業制作を課するのが一般的だが、それまでにも設計課題は繰り返し課されている。ただし、その課題は自由ではなく、大学ごとの教育プログラムにしたがい個別のテーマが与えられる。したがってこのコンテストの場合、大学ごとに異なる課題に取り組んだ作品を同列に並べて講評・審査することになるので、難しい点もある。大学ごとの評価は、それぞれに設定された課題へどれだけ応えているかで決まるわけだが、その課題の違いを無視して一律に学生の課題作品を評価しようというわけなので、どうしても建築の本来的な質やセンスがもっぱら評価の対象になってしまう。

大学での建築教育では従来から、ひと握りのスター建築家にあこがれてそれをみなが目指すような学生の意識はなるべく改めなければならない、という課題が共有されてきたと思うのだが、ここでの評価のやり方は、むしろそれ助長することになるのではないかという指摘もできるだろう。

しかし、今だからこそ、このコンテストに意味があるという見方もできるだろう。それぞれの大学での設計指導は、限られた教員によって行われる。しかし、まちづくりやリノベーションなど、建築設計に社会的プログラムから要請される要素が増えてきた現状においては、より幅広い観点から建築の設計をとらえる能力が必要とされるようになっている。たとえ学部の在学生であっても、大学を越えた多様な視点からの評価を与えることが求められることになっていると言えるのだろう。実際に応募者には、自分の大学以外での講評を聞いてみたかったという応募動機が共通して見られた。

「建築新人戦2010」の審査風景（梅田スカイビル）

現在、建築市場が急速にしかも確実に冷え込むなかで、単に過剰にふるまうだけのデザインは意味を失い、ほとんど消えようとしている。そこでは、建築が本質として持つ強度が試されるようになってきているのであろう。先日の本紙で建築家・磯崎新氏が語っていた言葉を借りれば、そこに建築本来の「初心」がみえはじめている。「建築新人戦」の審査委員評では「建築の本来に立ち返って」というフレーズがやたら繰り返された。入賞作も、完成度の高さではなく、建築本来の魅力に響くという評価による作品が選ばれた。それは、建築の今のリアリティを確実に反映させたものになっていると感じさせるものでもあった。

afterword

「せんだいデザインリーグ卒業設計日本一決定戦」は、二〇〇三年から始まり、いまでも全国から応募が多数集まり、建築家の登竜門のような存在になっている。一方で、学部生を対象とした「建築新人戦」は、ここに書いたように、審査・評価の難しさもあるのだが、資格試験予備校を経営する総合資格が主催するかたちとなり、いまでも継続して開催されている。審査員は、大学の教員だけとは限らないことになり、建築設計に関わる多様な専門家が入れ代わりながら加わっている。さすがに一〇年経つと、審査も洗練されてきており、課題作品であることを制約としながらも、そこに見られる空間表現の能力を巧みに見いだす評価が行われるようになっている。こうした大学間の垣根を越えた活動は、単なるコンクールからさらに発展して、建築教育の新しい展開を見せるものも出てきている。関西では、複数の大学研究室の学生たちが都市リサーチと設計に取り組む「都市アーキビスト会議（IoUA）」が二〇一六年から始まっているが、これなどは、大きなテーマの下に、調査・分析を経て、そこから空間アイデアの提案を行うという、単なる設計能力・センスを問うだけのものではない活動として、注目すべきものだろう。こうした教育実践こそが、学生に「初心」を問う活動となるのだと思う。

IO デザインから「解決」へ

二〇一三年三月二八日付

建築家の伊東豊雄が、建築界で最も権威があるとされるプリツカー賞を受賞した。透明性を追究した日本のモダンデザインをリードしてきた高い表現能力が評価されたのだろうが、実は本人は最近の雑誌のインタビューで、もはや「作品」という概念は消えた方がよいと言っている。

「個」の表現として捉えられてきた建築を、社会に開くべきとしているのだ。もちろん、この認識は東日本大震災以降、被災者のための「みんなの家」を手がけるなかで強くしたものであろう。しかし、それは震災により初めて獲得されたものではないし、さらに伊東だけのものでもない。

昨年、国際サスティナブル建築賞を受賞したノルウェーの設計集団TYINテーネステュエ・アーキテクツは、アジアやアフリカの途上国で、地域に根づいた材料、技術、社会システムを丹念に読み込み、人々の「避難所」としてのさまざまな社会施設をつくり出し注目を集めている。そのコンセプトは「必要の建築」だ。それは「みんなの家」の理念と重なるものだ。

さらに、そうした発想は、被災者や貧困者という弱者の救済のためだけにあるのではない。同じ国際サスティナブル建築賞を受賞し注目を集めるインドの設計集団スタジオ・ムンバイの場合は、その作品は多様であり、裕福なクライアントの住宅なども多い。しかしどのような場合でも、多くの職人や大工も含めた集団が、常にその場所やその社会でしか成立しない材料、工法の検討を繰り返し、それが独自の造形をつくり出している。

こうした設計集団を日本の建築メディアに積極的に紹介している建築批評のエルウィン・ビライは、建築家が自分のデザインをアウトプットする媒体が、図面や書類といった紙ではなくて、建築物そのものになってきていると指摘する。それをさらに敷衍すれば、建築が何かを「計画」するものから、何かを「解決」するものへと変わりつつあるということなのかもしれない。伊東は、インタビューのなかで、建築は表現よりも設計プロセスが重視される時代になるべきだとしているが、このプロセスこそ、社会との対話を通じた「解決」の過程なのだ。

確かに、「みんなの家」以降、伊東の建築に対する意識は大きく揺れたように見えるかもしれない。しかし、それぞれの時代に応じた新たな建築の可能性に挑むという点では、常に一貫しているのかもしれない。

伊東豊雄の「みんなの家」
［提供：伊東豊雄建築設計事務所］

afterword

ここで伊東豊雄が「作品」という概念を否定しようとしたことは、若い世代に見られた「普通」であること、さらに言えば凡庸であることを目指すということではなかった。その後も彼は、建築作家として大作に挑んでいる。とりわけ台湾での活躍が目立ったが、そのなかでも「台中メトロポリタンオペラハウス」（二〇一六年）には驚かされた。震災前の「せんだいメディアテーク」（二〇〇〇年）で、それまでの浮遊するような透明性の作風から離れ、樹状構造体のチューブが床を貫入し支持するという、ダイナミックな構造体を提示していた。さらにオペラハウスでは、生成する秩序を内包するというエマージング・グリッドなる概念を提案して、建物の内部空間がすべて連続しているという、驚くべき構造体をつくり上げている。建築物は自由になるべきだ。その自由を支える構造体を考える。伊東にとってそれが、作品としての表現に頼らない建築のつくり方ということなのだろう。ただそれは、ここで指摘した「解決」の建築のあり方とは違う方向を向くものとなっていることも事実だ。

物語を紡ぐ建築

二〇一七年三月三〇日付

植物を建物に生やしたりするユニークな作品で知られる建築家・藤森照信の仕事ぶりを振り返る展覧会が水戸芸術館（水戸市）で始まった。藤森の作品には誰もが認める独創性があるのだが、それはどこからくるものなのだろうか。

建築史家としても第一人者である藤森は、これまでの研究成果を二冊の本にまとめた（『近代日本の洋風建築〈開化編〉〈栄華編〉』筑摩書房、二〇一七年）。その後記で、自分の研究は「歴史」と「物語」があり、この本は「物語」の方を集めたものだとした。確かに、藤森の研究の真骨頂は「物語」にある。発掘した史実から丹念に建築家のストーリーが構築されていくのだ。

その建築家たちが設計した近代建築の造形と、藤森のつくる造形はまったく違っているのだが、この「物語」を紡ぎ出す、という点において藤森の研究と設計はつながっている。そのことは、近作となる「銅屋根」でも了解できる。これは、和洋菓子を手がけるたねやグループの本社屋で、拠点である滋賀県近江八幡市の広大な敷地に自然との共生をテーマにさまざまな施設を展開する「ラ コリーナ近江八幡」のなかに建てられている。ほかにもメインショップ「草屋根」など、施設の中核となる建物を藤森が設計している。そこでは、草や木々などの自然の要素と建築が、対話をするように融合される。まさにひとつの物語が語られているようだ。

藤森は、これまでの建築作品でも同様の取り組みをしてきたが、ここでの建築は、その造形手法が施設全体のテーマをリードするものとなっている。その点で、これは藤森建築のひとつの到達点ではないか。しかし、藤森の物語は、藤森しかつくれない。自然と対話をする藤森の独自の方法が普遍的なものとして一般化されることはないし、実際にそれがほかの建築家に影響を与えるものとなっているとは考えにくい。

ただし、建築以外の世界には広く展開していくことになる。「ラ コリーナ近江八幡」が生み出すランドスケープや、現代アート作家との共同作業など、藤森の物語世界は実に多面的な広がりを獲得していく。これも藤森の建築世界の独創性と言ってよいだろう。

国立競技場から豊洲市場の問題、森友学園まで、最近のニュース映像には建築物が繰り返し登場するが、それらは建物を建設する社会システムが抱える困難を象徴するものとして映し出されるものだ。アートや自然との共生など建設行為の外へも広がる藤森の世界は、そうしたシステムから建築が抜け出す可能性を示しているという点で、魅力のあるものに見えるのだろう。

ラ コリーナ近江八幡・たねや本社屋「銅屋根」
(藤森照信設計、2017年)

afterword

藤森照信は、研究者として私の師匠である(と勝手に思っている)。この記事を書いた後で会った際に、「ほかの建築家に影響を与えない」という指摘に、「そうなのかな」といぶかしがっていた。確かに、藤森が分析してきた建築家たちは、その多くが圧倒的な影響力を持つ作家である。そして、歴史家としての藤森も、その圧倒的な発掘力と俯瞰力で、建築史の世界に君臨する大家である。しかし、藤森作品は、影響力を持つスタイルをつくり上げているわけではない。一つ考えられるのは、コンテクスチュアリズムとして藤森作品を評価することだろうか。しかし、モダニズムの自律的な表現とは向いている方向が違うのは確かだが、周囲の環境のコンテクストに寄り添っているかというと、それも違うだろう。建築の原初の姿によりどころを見いだそうとするその造形は、周囲の状況からは離れている。しかし、建築のスタイルという限定をはずしてしまえば、実は新しいスタイルを確実に構築していると言えるのだろう。だから、藤森作品は建築以外の人々にも人気となり、展覧会には多くの人が集まるのだ。

12

場所に価値が埋まる

二〇一八年一二月二七日付

今年、活躍が目立った建築家の一人に田根剛がいる。メディアへの露出という点で言えば、他を圧倒していた。先日まで、TOTOギャラリー・間と、東京オペラシティアートギャラリーで、田根の建築展が同時開催された。一九七九年生まれと、まだ若いが、フランスを拠点にして世界各地で作品を手がけ、現在も数多くのプロジェクトを進めている。

ただ、改めてその作品群をながめて見ると、作家的な特徴を見いだすことが難しい。本人も言うように、これまでの建築家が、常に自らのスタイルを貫こうとするのに対して、田根はそれぞれの場所で固有の解を見いだそうとしている。だから、作品はバラバラに見える。

その固有の解を得るために、田根は場所をめぐる記憶をひたすら発掘しようとする。最初に注目を集めたエストニア国立博物館では、旧ソ連時代の軍用滑走路をあえて建築造形に組み込むような作品をつくった。おそらくこれで確信したのだろう、その後、場所の固有の価値を発掘するやり方を「考古学的リサーチ」と名づけ、数多くの魅力的な空間をつくりつづけている。

一方で、記憶の発掘そのものを仕事とする建築史の研究においても、新しいアプローチが登場した。この欄でも紹介した、東京大学の加藤耕一の著作『時がつくる建築』(東京大学出版、二〇一七年)である。この本で、建築は使い続けられていく存在として捉えられている。それは、新築された時点での建築だけを扱ってきたこれまでの建築史の方法を覆すものとして注目され、サントリー学芸賞など多くの賞を受賞した。先日、それを祝う会が開催されたが、そこには歴史研究者だけでなく、建築設計に関わる人々も集まった。使いつづけるという価値の提示が、設計の新しい方法を開くものとして捉えられたのであろう。

ここで両者に共通しているのは、既存の場所や空間にこそ価値が埋まっているという確信であろう。そして、それを発掘し評価することに、新しい時代を築く方法が託されていると言えるだろう。だとすれば、建築家の仕事の概念も大きく変わっていくことになるはずだが、すでに、その変化を実践する仕事で注目を集める建築家も増えてきた。

そうした建築家の活動を支援するような動きもあって、たとえば、東京建築士会が二〇一五年から始めた「これからの建築士賞」などもそうだろう。資源循環やストック活用、不動産との連携などにさまざまなアイデアを持ち込んで奔走する建築家が選ばれている。そこには、およそ従来までの建築家像とは異なる仕事のあり方が提示されている。

国立競技場案「古墳スタジアム」（設計：田根剛、2012年）
［photo: courtesy of DGT］

afterword

田根剛は、「弘前れんが倉庫美術館」（二〇二〇年）を手がけるなど、相変わらず「考古学的リサーチ」による作品を作りつづけている。一方で、ここで書いたような、既存の空間やそこでの資源循環などに手を加える仕事を手がけようとする建築家も確実に増えてきた。田根が着想した方法は、より普遍的なものとして、建築設計という職能のあり方そのものを変えるほどの状況をつくりつつあるとも言えるのかもしれない。加藤耕一の着想についても、空間の変容を長期にわたり捉えるということで言えば、すでに都市史や領域史という研究分野が開拓されつつあった。いま、そこに多くの研究者が加わりつつある。加藤の『時がつくる建築』は、そうした捉え方が単体の建築にも有効であることを実証したものであり、そのために、これまで完成時の「点」でしか捉えようとしなかった「頑固な」歴史建築の概念をも揺さぶるものになったと理解できるだろう。

13

建築のあり方を問いつづける

二〇一九年三月二八日付

磯崎新が建築界のノーベル賞とされるプリツカー賞を受賞することが決まった。「遅すぎる」という声も聞くが、平成が終わるこの時点での受賞というのは、何か示唆的であるとも思える。

磯崎は建築家であるが、その前に思想家である。高度に洗練化されていく資本主義社会では、建築は、技術や制度がつくる社会システムに埋没してしまうのではないか。それに対して磯崎は、建築という概念を一つの文化として再構築させる構想を提示しつづけてきた。

代表作の一つである「つくばセンタービル」(一九八三年)では、ローマのカンピドリオ広場を反転した広場を仕掛けるなど、その作品には、常に深い造詣に基づく独自の文化的批評性が示されてきた。そして、そうした表現を実現できる新たな才能を見いだすことも続けてきた(ザハ・ハディドもその一人)。その結果、磯崎は、建築の可能性をリードする存在として、世界的に圧倒的な影響力を持つようになっている。

では、はたして建築は文化的存在となりえたのか。最近、平成を振り返る特集が目立つ。平成は、大災害(阪神・淡路大震災、東日本大震災)や建築の信頼性の喪失(構造計算偽装、国立競技場問題等)によって、建築の価値が改めて問われた時代だったと括れるだろう。そして実際に、災害復興において、さまざまな試みはあったものの、建築家たちはその事業をリードすることはできなかった。少なくとも、建築の記念性や文化性は、ほとんど排除されてしまったと言えるのではないか。

そこで改めて見えてきた課題は、社会システムがますます強固になるなかで、建築はそこにどのようにして介在できるのかということだろう。そこで、都市の細部にまで行き渡るシステムに、まちづくりやリノベーションなどで、自ら潜り込みながら、その変容に関わっていこうとする、従来の建築作家のイメージとは異なる建築家も育ちつつあるのも確かだ。磯崎は、すでにそうした建築家たちを、自分たちがまるで都市に同化してしまい、それにより存在を確認するパラサイト（寄生虫）のような存在だと見抜いている。それに対して、建築そのものがもっと深化できるはずなのだとして、まったく新しい社会システムの都市を構想しているという。

磯崎新は、ひとつの建築の存在の仕方を提示したのではない。今回の受賞理由にもうかがえるように、彼は絶えず社会のありようを見抜き、それに対する建築のあり方を問いつづけてきたのである。社会の変容が著しく現れようとしている現在においてこそ、そうした持続的な構想力が改めて評価されたと言えそうだ。

afterword

磯崎の作品で一番印象に残っているのが、奈義町現代美術館（NagiMOCA、一九九四年）である。この美術館を設計する際に、彼は第三世代美術館論というものを提示した。そこでは、美術館自身が作品になるという新しい美術館のあり方が示され、実際に荒川修作ら四人の作家の三次元の作品がそのまま建築として立ち上がる美術館がつくられた。併設される図書館などに、磯崎の作風も見てとれるのだが、コンセプトがそのまま建築になっているというあり方は驚くべきものであった。レム・コールハースは、現在の社会システムが自己崩壊していくさまに、徹底してアイロニカルに関わろうとする。しかし、磯崎は、自己崩壊する制度やシステムに、新しい提案を示して挑もうとする。こうしたいわば構築的な意思を示すのは、システムの細部や、そこに埋もれたものの発掘から発想を得ようとする、ここで言うパラサイトの建築家から見れば古いタイプの建築家に見えるのかもしれない。しかし、その構想力の圧倒的な射程距離の長さから、今でも磯崎の存在は重いのだ。

第四章

風景は変えられるか

建築や都市空間をどのように捉えて、あるいはどのようにつくっていくのか。大きな社会変容のなかで、そのテーマは大きく変わっていった。しかし、そのテーマの変化に応じてつくられる建築や都市空間がつくり出す風景や景観に着目すると、そこには別の様態が見えてくる。実は、風景や景観のありようだけを捉えてみると、それはあまり変化をしていないことがわかる。そこには、無機質でフラットになってしまった近代都市の景観をどのように変えていくことができるのかという課題が一貫して見えてくるのだ。そこでその無機質景観を、解釈の仕方で変える、あるいは別の景観を仮設する、あるいは何かを付加して変えていくなど、いろいろな試みがされてきた。しかし、いずれもそこに別の課題が浮上してしまう。結局、都市の風景は変わりようがないのだろうか。

01

自分が風景になる

二〇〇一年七月五日付

最近、続々と空間体験型とでも呼ぶべき博物館が登場してきでいる。そのなかでも、四月にオープンした「大阪市立住まいのミュージアム」(大阪市北区)にはとりわけ驚かされた。展示の目玉は、ビルの中に実物大で再現された近世の大坂の町並みである。建物だけでなく、内装から生活用具、店先に並ぶ商品まで、一部には本物を使いながら町一つを完璧に再現し、朝から夜までの明るさの変化やにぎわいの音まで演出している。そして、映画セットなどで使われるエージングの技術で、汚れや腐食までも再現している。そのマニアックなまでの完成度が評判となり、連日多くの来館者でにぎわっている。

大阪では、一一月には大阪歴史博物館がオープンするが、そこでも、各時代の原寸大の模型が目玉になるという。京都市が構想している新しい博物館も、テーマは都市史ということなので、再現された都市空間が展示の中心になりそうだ。

一九九三年にオープンした江戸東京博物館以降のことであると思うが、近年の地域の歴史を展示する博物館施設では、歴史的空間を再現して体験させる展示方法が主流となりつつある。

これまでも、そうした歴史系博物館の展示方法は、時代とともに変わってきた。都市支配者の歴史を中心としたものから、戦後には、歴史学の潮流に応えて庶民生活の歴史を扱う展示も増えていった。しかし近年の、空間をまるごとつくってしまうという方法は、史料を並べて見せるというそれまでの展示のスタイルを覆そうとしている。

風景論を論じてきたオギュスタン・ベルクは次のような指摘をする。近代社会においては、主体が超越的な存在として客体を観察し分析する。しかし、社会科学の発達は、主体をも相対化して観察する対象にしてしまった。そうなると、自分自身も風景の一部となる。なるほど、そうであれば、われわれは地域の歴史を、史料などで客観的に観察し理解することよりも、歴史的風景とされるなかに自分自身を置くことで、初めて地域史の魅力を見いだすということになる。

　確かにそうなのだ。建築や都市を原寸大に再現する展示に求められるのは、歴史の正確さやリアリティ以上に、そのつくられた空間にどれだけ浸ることができるか、つまり体験する者がどれだけその風景の一部として入り込むことができるかという演出なのである。その演出法は博物館が開発したものではない。ディズニーランド以降、商業空間ではすでに広く普及してきた空間演出法である。それが博物館の展示にも表れてきたということなのだろうが、そこで問われなくてはならないのは、つくり出す空間の質である。商業空間で見られるまがい物やキッチュさから、いかに逃れられるかが問われることになる。その点において、住まいのミュージアムには驚かされるのだ。厳密な学術的考証と、展示技術者の職人気質によって、安っぽさを微塵も感じさせないのだ。ただ、そのあまりにも高い完成度のために、自分自身が風景になってしまうことに、逆に違和感を覚えてしまうのも事実である。われわれは、まだまだこうした空間に慣れてはいない、ということなのだろうか。

大阪市立住まいのミュージアムに再現された近世の大坂の町
［大阪市立住まいのミュージアム所蔵］

afterword

こうした体験型の嚆矢は、江戸東京博物館（一九九三年）としているが、その前にも、江東区深川江戸資料館（一九八六年）もある。いや、そもそも遡って考えれば、一九七〇年代に起こった町並みブームに、体験型魅力の発見の端緒を見いだすことができるのかもしれない。複数の建築物で構成される町並み景観が次々と観光地化され、一九七五年の文化財法の改正で、重要伝統的建造物群保存地区の制度が発足した。モニュメントとしての単体の建築や記念物ではなく、町並み全体がつくる「雰囲気」が人々を引きつけるようになったということができるだろう。つまり、オギュスタン・ベルクの言うような認識は、すでにこの町並みの発見から始まっていたと言えるのだ。この住まいのミュージアム以降、地方史を扱う公立博物館は全国につくられていくが、いずれも体験型の展示が主流になっていく。そして、すでに文末に言っているような「違和感」は、ほとんど感じられないようになっている。没入できる景色をつくることができるかが、あらゆる施設の集客の要になっている。

02

はるばるたどり着く場所の風景

二〇〇三年九月二九日付

湊町アンダーグラウンドプロジェクトという、地下空間を「覚醒」させるプロジェクトが大阪で開催されている。湊町地区は、大阪ミナミに残された開発用地として大規模な再開発事業が進んでいる。その敷地の一部に、南北に一九〇メートル、三〇〇〇平方メートルにおよぶコンクリートで覆われた地下空間が眠っていた。周囲の開発が進めば、地下通路などに利用される計画であったようだが、一〇年近く使われず、いわば封印されていた。それを、建築家や映像作家たちが、ある期間に限定して作品を展示することで覚醒させようとしているのである。

ルネサンス期のグロッタ（洞窟）趣味などにも表れるように、われわれは、ほら穴のような空間に、本能的に非日常的な思いをいだく。アートプロデューサー橋本敏子らが仕掛けた、この湊町の地下空間プロジェクトも、そうした非日常の魅力に満ちている。

建築家・宮本佳明らのつくり出す空間演出や映像は、ちょうど、グロッタにおけるグロテスク（装飾絵画）のようだ。何もない空間が発するさまざまなイメージを、反転させたり誇張させたりしながら再構成しようとしている。とりわけ、一〇〇〇本を超える蛍光灯を発光させる高橋匡太《きょうた》の作品（写真）は圧巻だ。

もちろん、そこに置かれた作品群は、この空間の圧倒的な存在感に呼応することで、その魅力を発揮する。そして、その存在感は、それが置かれた社会的状況をいやでも体験させられることで生まれる。見学者は、この空間に案内されるまで、工事現場のような殺伐としたアプローチをたどっていくことになる。さらに、床からは地下を走る鉄道の轟音が常に響いてくる。この空間の特異な成立事情を誰でもが了解させられることになる。

一方で、いわば正反対ともいえる事情が、同じように見るものを圧倒する例もある。東京では、六本木ヒルズのオープニングイベントとして森タワーの展望階で「世界都市」展が開催されたが、展示の目玉となったのはニューヨークや東京の模型である。その巨大さと細密さは、見る者を圧倒して人気を博した。ただし、その人気は模型そのものが発する魅力からだけではないだろう。徹底的につくりこまれた、巨大で真新しい六本木ヒルズという人工の街の、さらにその頂点(五二階)に置かれ、しかも、途方もない労力をこともなげにつぎこんでいることがわかる。その社会的な特異な状況を了解して、はじめてその模型の存在感のすごさに心を動かされることになるのだ。

機能を失ったままの空虚な大阪の空間。一方で、徹底的につくりこまれた真新しい東京の空間。もちろん、そこに東京と大阪の開発事業における落差を指摘することもできるだろう。しかし、それよりも、両極端の事情であったとしても、いずれもはるばるたどり着くことができる特別な場所であるという点に注目したい。つまりそこは風景のフロンティアのような場所なのだ。都市生活の日常の風景が、いよいよ均質化し退屈なものへとなってしまうなかで、何らかの「作品」が、その価値を輝かせる場は、もはやそうした日常から徹底して離れた場所でしかないのかもしれない。

「湊町アンダーグラウンドプロジェクト」
奥の蛍光灯部分は高橋匡太作品

afterword

六本木ヒルズ・森タワーの五二階に、その後、森美術館が開館(二〇〇三年)したのは象徴的である。作品の搬入や収蔵庫との関係からして、高層ビルの最上階に美術館を設置するというのは、本来はありえない。つまり、ありえない場所にたどり着くことで作品に出会える美術館なのだ。その後も、安藤忠雄設計の地中美術館（二〇〇四年）など、日常からあえて距離を置く場所に展示の空間を設ける美術館はさまざまに登場していく。一方で、湊町アンダーグラウンドが示したような期間限定の仮設空間という展示方法も、各地のアートイベントとして大規模なものが広がっていった。そのなかでも、大地の芸術祭・越後妻有アートトリエンナーレ（二〇〇〇年から）などの芸術祭系イベントは、場所と期間において、両方の非日常性を実現したものだと言えよう。山の中に地図をたよりに分け入り、ようやく作品にたどり着く体験は、確かに新鮮である。作品の側から言えば、それは特定の場所を拠り所にするサイトスペシフィックの方法ということになるのだろうが、それを見る側から考えると、日常から距離のある遠い風景に価値を見いだすという体験だと言えるだろう。それだけ、日常の風景がフラットで同質なものになってしまっているということなのだが。

03

パブリックアートをめぐって

二〇〇四年三月二九日付

歳を重ねたパブリックアートを見てきた。一九九八年に完成した阪神・淡路大震災復興公営住宅に導入された、南芦屋浜コミュニティ＆アートプロジェクトの現状である。

俳人の稲畑汀子、サウンド・アーティストの藤本由紀夫、ランゲージアートのイチハラヒロコなどの作品が集合住宅のピロティなどに仕掛けられているのだが、驚くのは、それらがいまでもほとんど無傷のまま維持されていることだ。もちろん、作品を照らす照明器具が錆つくなど、周囲の環境は古びてきている。しかしその分、そのまさに歳を重ねたような作品の佇まいは、とても新鮮だった。

一九六〇年代後半から、美術館の展示空間から逃れて屋外の特定の場所に作品を提示する、サイトスペシフィックアートと呼ばれる作品群が生み出された。それらは、あくまで仮設物として、一回性の試みとして生み出される作品であった。一方で、一九九〇年代には、同じように屋外空間に置かれる作品だが、公共施設の一つとしての役割を担うパブリックアートが盛んに設置されるようになった。「彫刻のある街づくり」などが標榜されたりした。こちらは、恒久的に設置することを前提とするものである。両者は、まるで異なる意味で価値を見いだそうとする作品群である。しかし、最近のアートイベントなどでは、両者の切り分けが難しい場面も見受けられるようになった。

たとえば、昨年開催された越後妻有アートトリエンナーレ。確かにその大半の作品群は、サイトスペシフィックな魅力にあふれていたが、一方で、一部には手塚貴晴やオランダのMVRDVらによる建築作品も含まれていた。それらのなかには、恒久的な施設として建設されたものも含まれる。アートイベントとしての仮設性・一回性と、このイベントが貢献することを目指している越後妻有のまちづくりの永続性とが、ひとつの場所に混在してしまっているように見えてしまう。ここで問われなくてはならないのは、アート作品の評価や価値が、時間の経過のなかでどのように変わっていくかという視点であろう。

実は、南芦屋浜のプロジェクトでは、生活空間におけるそうした時間的な変化こそをテーマとしている作品も存在する。田甫律子の「注文の多い楽農店」だ。これは、住宅地のまんなかに設置された円形の丘が、住民の自主的な関わりで「だんだん畑」としてつくり上げられていくことで成立する作品である。六年経って、紆余曲折ありながらも、ようやく畑も、それに関わる住民の組織も落ち着いてきた。

さまざまな農作物が収穫できるようになった「注文の多い楽農店」(田甫律子)

こうしたコミュニティの形成がどのような作品性を生み出しているのか、まだわからない部分も残るが、住民なりのアートへの理解は着実に定着したことはうかがえる。だからこそ、ほかの作品群も無傷で大事にされているのだ。

パブリックアートとは、設置者の側の事情から言えば、建築や都市計画の無機質さに文化の要素を「補完」するものとして要請されたという側面がある。資金も時間も制限される復興住宅である南芦屋浜のケースは、まさにその典型例でもあろう。しかし、こうした場でのパブリックアート、とりわけそこに現代アートを取り込む際の課題は、一回性としてある作品側の表現の特質を、時間をかけて育てていくという公共空間のあり方にどのようにして馴染ませていけるのかということであろう。その意味で、生活の時間軸を取り込もうとしている南芦屋浜のプロジェクトの試みは、注目すべきものなのだ。

田甫律子は、自分の作品をパブリックアートではなく、コミュニケーションアートであると言っている。確かに「注文の多い楽農店」は「パブリック」な作品とは言えないであろう。こうした作者と鑑賞者の境がなくなる作品は、「参加型アート」と呼ばれるようになったが、「注文の多い楽農店」で「参加」するのは、もはや鑑賞者ではない。越後妻有アートトリエンナーレでも、作品制作に地元住民が作家と同等にアイデアを出す役割で参加する作品が見られた。ただそうなると、その作品の作者とは誰になるのか。この後、市場経済の急激な拡大にともない、現代アートのマーケットも急拡大していく。現代アートへの投資がブームにもなる。しかし、その市場価値はどのように決まるものなのか。とりわけ「参加型アート」のようなオーサーシップがあいまいなものはどう評価されるべきなのか。どうやらそうしたあいまいな部分に、現代アートの矛盾が露呈してきているようだ。クレア・ビショップの『人工地獄——現代アートと観客の政治学』(フィルムアート社、日本語版二〇一六年)は、まさに芸術における「参加」の系譜から、そうした現代アートの矛盾を解き明かしてくれている。市場の活況とは裏腹に、社会の中でのアートの立ち位置はますますあいまいになってきている。

04

京都の新景観政策の課題

二〇〇七年三月二九日付

京都市では、九月から新景観政策の条例が実施されることになったが、これをめぐって、さまざまな議論が重ねられている。

現在、一昨年に施行された国の景観法に基づく市町村での景観政策が具体化されつつあるが、そのなかでも歴史都市として常に景観行政をリードしてきた京都市による対応が注目されてきた。その期待に応えたかのように、京都市の条例では、高さ制限が大幅に強化され、特定の視点場からの眺望や借景保全のための規制が行われ、屋上看板や点滅式照明は全面禁止になるなど、これまでにない厳しい規制が実施されることとなった。しかし、不動産・建築関係の業者などから反発も出ている。

その反発の最大の根拠は、この条例が私権にまで制限が及ぶと思われることにある。高さ制限などで、既存不適格となる建物が多数生まれてしまうが、その財産価値が下落する事態が予想される。あるいは、財産としての建物の改築に、厳しい制約が加えられることにもなる。新景観政策に反対する関係者は、新聞に「あなたの家は建て替えできなくなるかもしれません」という全面広告を掲載した。

確かに、今回の政策はあまりにも拙速であるという批判もあるが、考えてみれば、景観法とは、今まで法的には認められてこなかった景観の価値を初めて認めようとするものなのであり、既存の市場メカニズムとは、どこかで矛盾する場面は必ず生じてしまうはずだ。であれば、条例はある程度徹底したものでなくては意味がないはずだし、ヨーロッパの歴史都市などで実施されている規制に比べれば、京都市の条例が特に厳しいものというわけでもない。

ただし、景観を創造することに対する自由度を、法的な手段でどこまで保障できるかという課題は残されている。建物や眺望を保全するだけでは、景観はつくれない。保全したものをどう使いこなすかで、景観の評価は変わっていくのだが、その使いこなしには、むしろ多様な着想を保障できる自由度が求められるだろう。京都市新景観政策では、地域を類型化し、禁止色を数値で指定までした厳格なデザイン基準を設定している。もちろん、法律である限り、客観的基準を明示することは求められるのだが、ここまで厳格な基準が創造的な景観をつくることにつながるのかは疑問が残る。

京都市新景観政策で「視点場」の一つとして設定された
鴨川右岸からの大文字の眺め

以前この欄で、京都市中心部の近代建築を商業ビルに保存・転用した例（古今烏丸）を紹介した（二〇〇五年三月二一日付、二〇〇頁）。このケースでは、古い外壁は残しながら、その一部をあえて隠してしまって新しい壁を設置するという、今までの常識的な保存活用手法では考えられなかった方法が実現している。改修設計を手がけた隈研吾は、この手法を、事業者や行政などと共同して、あらゆる可能性を模索した結果だとした。姿を現した建物がつくり出す景観は、賛否両論はあったものの、にぎわいをつくり出すことには確実に成功している。景観を創造するためには、こうした自在な発想も必要とされるはずだ。

景観は、確かに私権を制限してまでも、つくり出す価値を持つものだ。しかし、それは、制度だけではつくれない。景観に対する認識が高まることで、景観の制限と創造をめぐって、さらに議論が必要である。

afterword

この新景観政策に基づき、京都市では各種の景観地区に指定された場所での建築について、あらかじめ申請を行い許可を得ることを義務づけた。このハードルはかなり高い。一方で、新景観政策のほかにも、京都市には重要伝統的建造物群保存地区（一九七六年〜）、重要文化的景観（二〇〇四年〜）、歴史まちづくり法（二〇〇八年〜）など国の景観保全制度により選定地区が多数あり、市の保全制度にも多くの新しいものがつくられた。そのため、それらの制度がレイヤーのように重ねられるなかで、実際の景観行政をどのようにコントロールするのか、市役所の負担もかなり大きなものとなっている。制度に縛られた景観保存ということになりそうなのだが、そのようななかでも、建築事業者・設計者の動向には変化が見られる。当初は、紋切り型とも言えるような伝統デザインを、保存の義務（アリバイ）を果たすものとして持ち込む者が多かったが、しだいに歴史の文脈を読み取り、新しい伝統様式を提案するような者も現れるようになった。そこには、文化的景観の概念が提示した、歴史のコンテクストを評価しようとする新しい景観概念の普及があるように思われる。

05

壁面緑化が変える風景

二〇一四年九月二五日付

震災復興に東京五輪も加わり、建設ラッシュが始まっているが、そのなかで設計上の一つの特徴として定着しつつあるのが屋上・壁面の緑化である。国交省も、地方自治体もさまざまな支援に取り組んでいる。

高さ日本一となった「あべのハルカス」も、三〇〇メートルの高さを都市再生特区の容積率緩和で実現しているが、屋上緑化がその条件となっていて、展望台など、各所に植栽がほどこされている。もっと実利的(?)な例もある。岡山県総社市の本庁舎ではゴーヤを「緑のカーテン」として植えたが、実ったゴーヤは学校給食などに使うのだという。

こうした取り組みは、基本的にはヒートアイランド現象の緩和や、潤いのある都市空間の実現などが目標となっているとされるのだが、別の捉え方もできるのではないか。

大阪では昨年、長年「大阪の緑化」を訴えてきた建築家の安藤忠雄の提案で、大胆な壁面緑化のプロジェクトが二つ実現した。一つは、大和ハウス工業が事業主となり、梅田にある円筒形の「大阪マルビル」(一九七六年)の壁面を全面的に緑化するというもので、「都市の大樹」と名付けられている。まだ緑化は三〇メートルほどまでだが、毎年二〜三メートルずつ育っていくのだという。もう一つは、「新梅田シティ」(原広司+アトリエ・ファイ建築研究所設計、一九九三年)に積水ハウスが事業者となって構築した、長さ七八メートルにもおよぶ壁面緑化である。こちらは「希望の壁」と名付けられた。

屋上緑化はともかく、こうした壁面緑化は、緑化とは別の意味も持つことになるはずだ。壁面緑化は、コストも技術も必要とする。単に都市の緑を増やすということであれば、ほかの方法のほうが合理的だろう。しかし、壁面が植物で覆われるのは、まったく異質な表情を建築物に与えることになる。二つの壁面緑化は、その可能性を感じさせてくれるのだ。

振り返ってみると、いまでも残されている甲子園球場(一九二四年）のツタのからまる壁面など、戦前には壁面を植物で覆うのはそれほど珍しいものではなかった。さらに、さまざまな祝祭には巨大な仮設の記念門がつきものだったが、それらは「緑門」と言って、杉の葉などで覆われるものが多かった。つまり、緑化壁面は、何か特別な構築物としての意味を持っていたのである。

コンクリート、ガラス、木材などの建築素材の枠組みを外して建築を構想すること。そこには、新しい建築デザインを開く可能性が見いだせるのだろうか。

JR大阪駅北側の複合施設「新梅田シティ」に新設された「希望の壁」（安藤忠雄設計、2013年）

afterword

大阪マルビルの「都市の大樹」プロジェクトは、三〇階のうち四階ぐらいまでで止まってしまっている。そもそも、ツタやツルが伸びるには限界があったようだ。「伸びていけばいいね」という希望的観測で始めたものだったという。しかし、いずれにしても屋上緑化・壁面緑化は、大都市での容積率割増制度（いわゆるボーナス）などもあり、この記事を書いたころより急速に普及していった。物理的な環境改善だけでなく、心理的、景観的な意味で都市の無機質さの改善も期待されたわけだ。ただし、壁面緑化はあくまで表層的な「付加」である。中身は変わらない。しかし、自然材ということで言えば、木造の復活という事態が世界で進むようになり、日本でも二〇一〇年ごろから本格的に木造ビルの建設が取り組まれるようになった。外観に全国四七都道府県から集めたスギ材を使った隈研吾設計の国立競技場（二〇一九年）は、その象徴的な存在になったと言えるだろう（あくまで構造は鉄骨造ということになるが）。コンクリートの硬質な風景は、確実にやわらかいものへと変わりつつある。

06

都市のシンボルをどのようにつくるのか

二〇一六年六月三〇日付

熊本地震の報道で印象的だったのは、瓦の落ちた熊本城天守閣のようすが繰り返し映し出されたことだった。天守閣の被災は熊本地震を象徴するものとなり、その復旧は「復興のシンボル」とも言われるようになっている。

しかし、熊本城天守閣は鉄筋コンクリート造の城である。名古屋城、大垣城、広島城、和歌山城など、太平洋戦争の空襲などで焼失してしまった多くの天守閣が、一九五〇年代末から六〇年代にかけてコンクリートで次々再建されたが、熊本城天守閣もそのなかの一つである。したがって、古くから残されてきた天守閣に比べれば、文化財としての価値は高くない。それでも、天守閣という存在は、その特徴的な姿も手伝って、都市のシンボルとして認識されているのだろう。

都市にこうしたシンボルがあることは重要なことなのだと改めて思った。しかし、いまからそうした存在を建設することは容易ではない。先の国立競技場問題では、建設費の高騰や、周囲の環境を変えてしまうことへの批判が高まり、最初のコンペで選ばれたシンボリックとも言えるザハ・ハディドのデザインが否定されることとなった。それは、五輪開催を契機として、新たなシンボルをつくろうとする思いが共有されなかった結果であるとも言えるのかもしれない。

一方、戦後の一連のコンクリート天守閣の再建は、市民の強い思いで実現している。この時には、都市のシンボルが確かに求められていたのだろう。名古屋城の場合では、再建の工事費約六億円のうち、一億円ほどが募金で賄われている。

しかし、今、このコンクリートの名古屋城天守閣を、巨費を投じて木造で復元するというプランが、河村たかし市長の強い思いで進みつつある。名古屋において「市民のプライドの象徴」である天守閣を「今こそ本物復元」したいというのだ。

それに対して、今のコンクリートの天守閣も、再建時の市民の思いが込められており、いまや立派な文化財でありシンボルであり壊すべきでないとする反対意見もある。確かに、河村市長の思いが、市民の総意とならなければ、木造復元は国立競技場問題と同じになってしまう危険がある。

実は名古屋城だけではない。熊本城も含め、戦後の再建天守閣は、すでに六〇年近く経ちコンクリートの劣化が進んでいる。いずれ何らかの対応が必要とされ、その際には、建築が持つシンボルとしての象徴性がどこに求められるのか、改めて問われることになる。

復興のシンボルとして修復が計画される熊本城天守閣
（1960年に再建）［提供：熊本城総合事務所］

afterword

大規模な木造建築もつくることが可能となり、一方でコンクリートの劣化の問題がある。そうした状況のなかで、日本中のコンクリート天守閣の木造復元は、今後大きなテーマになっていくことになるはずだ。ただやはり、そこで問われなくてはならいのは、その復元がどのような意味を持つのかということである。名古屋城の復元での市長の主張は「木造＝本物」という認識が色濃く、そこに統治の正当性や市民プライドの共有を問おうとする思いがうかがわれる。はたして、今の都市の景観のなかにそのようなシンボルが求められるのであろうか。一方で国立競技場案が目指したシンボル性については、別のとらえ方で考える必要もあるだろう。特異な建築がすべて支配的な意味でのシンボルになるわけではない。建築家がつくる最近の大規模建築では、それにより周囲の景観やランドスケープが別のかたちへ変容していくことへの評価が問われることが多い。すでに都市景観とは、その都市がたどってきた全体の文脈から理解されるべきものになっている。

07 評価されるべき日常の歴史

二〇一七年六月二九日付

街の歴史とはどのように評価されるべきなのか。

先日、広島県の呉市の街を歩いてきた。呉は、話題のアニメ映画「この世界の片隅に」の舞台となった街で、いわゆる「聖地巡礼」に訪れる観光客も増えている。最近のアニメは実際のリアルな景観をモデルにしてつくられる。このアニメも古写真などから絵を起こしているようで、さまざまな場面が、現在の街並みや住宅の姿に同定できる。われわれもロケ地MAPなるものを手に入れて歩いたが、それにも載っていない主人公（すず）の家のモデルと思われる住宅を、市街地から北に上った場所に見つけることができた。その近くで子供のころを過ごした研究者仲間（砂本文彦・神戸女子大教授）の案内を得たからである。

そして、彼の研究に基づく案内により、その地区がたどった不運な歴史も了解できた。呉は、明治期に鎮守府・海軍工《こう》廠《しょう》（海軍直属の軍需工場）が設置され、その後軍都として発展する。すずの家の周辺は、斜面地ながらも潅漑用の水路があり農地が広がっていたが、鎮守府によりその用水の上流を水源として軍用水道が敷設されたため、農作が困難となり、軍人や職工のための貸家がつくられるようになり、宅地化していったのである。

軍都となったため都市の空間構成や人々の生業が否応なく変えられていった。しかし、そうした宿命を受け入れながらも、人々の生活は淡々と積み重ねられ、日常の風景がつくり出されてきた。「この世界の片隅に」も、タイトルから想像されるように、戦時下の呉を舞台としながら、その過酷な歴史に巻き込まれながらも、淡々と展開される生活空間が丹念に描かれている。そして、日常が紡いできたそうした風景にこそ、われわれはいとおしさを感じるのだ。

かつて建築論のクリスチャン・ノルベルグ＝シュルツが提示した「ゲニウス・ロキ」、つまり「地霊」あるいは「土地柄」

という場所のとらえ方が改めて想起される。軍事や戦争という歴史は否定的にとらえられるべきとしても、それに巻き込まれながらも自律的に生成される土地や風景は、まったく別の歴史的評価が与えられるべきなのだろう。

写真は、呉の中心部に残る旧呉海軍下士官兵集会所（一九三六年）の建物である。老朽化のため、呉市は一時、国から取得した上で撤去する方針を示したが、市民の反対などを受けて再検討中だという。戦前期に建設されたモダニズム・デザインの希少な大規模建築として、建築史上も重要なものだが、それ以上に、軍人が街に集っていた日常風景をつくり出してきた施設として、何らかの保存・活用が求められるはずだ。

旧呉海軍下士官兵集会所（1936年）

afterword

旧呉海軍下士官兵集会所の建物については、所有者である呉市は、耐震診断調査を行ったものの、二〇二一年の時点ではまだその用途を決められないでいる。呉は、同じ鎮守府の置かれた横須賀・佐世保・舞鶴とともに「日本近代化の躍動を体感できるまち」として二〇一六年に、文化庁の「日本遺産」に認定されている。この制度は日本の文化・伝統を語るストーリーを評価し、そこに残る文化財群の整備活用を支援しようとするもので、呉市内に残る多くの軍関連施設もその文化財として扱われるようになっている。しかし、軍都であったことは呉の街にとってひとつの断面でしかない。実際は、軍都となる以前の歴史や、軍を受け入れた街の様相には、さまざまな場面がある。ユネスコの世界遺産が提起した文化的景観の概念からすれば、それらの多様な歴史の展開により、変化をしながらも一つの景観的特徴を形成してきたことを評価すべきなのだろう。「日本遺産」で示されるようなストーリーは、その多様で多義的な歴史の評価を矮小化させてしまう危険もはらんでいる。「聖地巡礼」も、アニメのストーリーにのっかったものだが、その物語がそのまま街の物語に拡大されるわけではない。物語の背景としての日常の風景がファンを引きつけるのだ。そこに、「日本遺産」の「日本近代化の躍動を体感できるまち」のような外から与えられる評価ではなく、その街に重ねられてきた生きられた風景の価値を見いだす可能性があるのだと思う。そこには、観光に対する新しいとらえ方が生まれつつあると思うのだ。

08

場所とのつながりから風景を評価する

二〇一九年一二月二六日付

大阪・心斎橋のシンボルがよみがえった。米国出身の建築家ウィリアム・メレル・ヴォーリズが設計し一九三三年に完成した大丸心斎橋店本館が、壁面を残しながら新築されたのだ。建物の大部分は失われたが、内部のインテリアも一部復元されるなど、建物によって築かれてきたブランドイメージは継承されていると感じた。こうした壁面保存の手法は、わが国において確実に広がりを見せており、古い壁面と新築部分をつなぐ技術やデザイン処理も確実に洗練されてきている。

しかし、なぜ壁面だけの保存なのかという疑問は残る。こうした壁面保存の事例が増えてくると、歴史的景観が維持されるという意義とは別に、わが国では建物をそのまま使いつづけるという思想が根づいていないことに改めて気づかされることになる。歴史的景観を残す意義は重要だが、その前に、なぜ建物をそのまま使いつづけられないのだろうか。

住宅に関して言えば、それは空き家問題にもつながることになる。なぜ日本では、中古の住宅が普及しないのか。その疑問に答えたのが、砂原庸介の『新築がお好きですか——日本における住宅と政治』(ミネルヴァ書房、二〇一八年)である。政治学の立場から、日本において新築が政策的に優遇されてきた実態とその政治的理由を見事に解き明かしてみせた。しかし、既存の建築や住宅に人々が目を向けない原因には、それが立地する場所に対する情報がない、あるいはそれに価値が置かれないという実態があることもクローズアップされる。確かに、建築や住宅が場所と切り離されて捉えられてしまうから、その性能や築年数だけで価値が決まってしまう。建築の価値は、それが建つ場所にも大きく依存するはずだ。大丸のヴォーリズのデザインも、心斎橋、さらには大阪という街と一体のものとして歴史的価値をつくってきた。

建築をそれだけで考えるのではなく、場所や地域とのつながりからとらえ直してみる。それは、研究分野においても新しい潮流になりつつある。私も編集幹事として関わった『日本都市史・建築史事典』(丸善出版)が昨年刊行された。建築の歴史とそれが立地する都市の歴史を同列に扱おうとしたものである。今年は『世界建築史 15講』(彰国社)と『世界都市史事典』(昭和堂)の大著もまとめられた。どちらも、世界の多様な文化圏に注目し、そこでの建築が相互に影響を与えながら築かれてきたダイナミックな歴史をとらえようとしている。この二冊の中心にいるのは、長年にわたり建築学の立場から、その歴史を世界的な視野で再構築しようとしてきた布野修司である。ようやくその視点が、新しい建築の視点として広まろうとしている。

外壁を保存しながら新築された大丸心斎橋店本館
(日建設計・竹中工務店設計、2019年)

afterword

結論があいまいなままになっているので、少し異なる視点から考えてみよう。建築を、都市の歴史的な文脈から評価しようとするコンテクスチュアリズムは、すでに一九六〇年代から構築されてきた。だからこそ、都市景観の政策では、歴史的建造物が評価され、その景観保存に努めてきた。しかし、制度的手法を採らざるを得ない政策的な景観行政においては、どうしても、景観主義とも呼べる、形態だけの維持であってもそれを容認するようになってしまい、このようなファサード保存の手法を生み出してきた。建築と都市の関係を歴史的文脈のなかで理解することが、まだ足りないのである。だから、表層としてのファサードだけの保存に留まってしまう。布野修司らの仕事は、世界の場所ごとに、そこに立てられた建築の根拠を明らかにしようとしている。あるいは、世界遺産での評価でも注目されるようになった文化的景観の概念も、特定の地域の歴史から構築されるものとして景観をとらえようとする。こうした地域や場所から建築や景観の価値を見いだそうとする動きは少しずつ広がってきている。

09

「擬和風」が景観を変えるのか

二〇二〇年九月二四日付

新しくつくられる都市景観に、じわじわと変化が起こりつつある。

本年四月、文化審議会は天守の復元を想定した「史跡等における歴史的建造物の復元等に関する基準」を決定した。かつて一九六〇年代に、日本中で天守の復元ブームが起こったが、そのなかには、ほとんど推測により建造されたものも多かった。そこで、文化庁は歴史的根拠に基づく厳密な復元の基準を設けてきた。しかし、近年、全国で天守の再建を望む声が強くなったため、今回、根拠が揃わなくても、多角的に検証することで再建できるとする「復元的整備」を認めることとしたのである。

これにより、たとえば、絵図や外観の写真しか残されておらず、復元が認められずにいた、香川県の高松城天守の復元が可能となった。ほかにも天守の再建を望む多くの自治体で、今後、必ずしも厳密な意味での再現ではない天守の再建が進んでいくことになるだろう。

もちろん、歴史的厳密さを絶対視するのではなく、地域の歴史を象徴するものとしてその造形を柔軟にとらえるというのは時代の要請でもある。しかし、気になるのは、その時代の要請が、もっぱら天守という、前近代のものを求めている点である。シンボルとしての天守だけではない。たとえば、二〇一八年、東京の日本橋の景観を台無しにしているとされた首都高の地下化事業の概要がまとまったが、日本橋周辺のイメージ図には、ビルの足下に江戸時代風の意匠がはめ込まれ、日本橋に並んで太鼓橋も描かれていた。あるいは、すでに二〇〇七年から始められている京都の新景観政策では、近代的なビルであっても京町家をイメージした勾配屋根や庇をつけることが要請されるようになった。

都市景観のなかに、前近代、とりわけ近世城下町風の意匠をちりばめようとする傾向が強くなっているのだ。明治期に西洋建築を見よう見まねでつくった「擬洋風」ならぬ、「擬和風」のような意匠がつくられ、それが建物の外側に貼りつけられたり、横に並べられたりするようになってきている。確かに、無機質な四角いビルが並ぶ都市景観には何らかの変化が求められるようになった。とりわけ、ポストコロナにおいては、建物ごとに閉鎖的につくられる空間をどのように変えていくかが大きなテーマになるはずだ。であれば、この「擬和風」の波及は、その変化の一つの表れなのだろうか。しかし、それは演出的な装置を加えるだけの行為であり、新しい景観をつくり出そうとする創意がうかがえない。新しい都市景観はどうあるべきか、改めて議論が必要なのだろう。

高松城天守の復元予想図
［出典：高松市『高松城天守――天守復元の取組』2018年］

afterword

もちろん、実証性は必須のものではないという指摘も認めないわけではない。しかし、そうなると文化財としての正当性はどこで担保されるのだろうか。さらに、それ以上に困難なことは、裏づける根拠がないなかで、本物らしい造形をつくる行為に、どうやったら創造性を見いだせるのかという課題だ。天守閣も、太鼓橋も、町家もあからさまな直喩である。「たぶんこんな感じではなのか」という想像で形がつくられる。「擬和風」としているのは、そういうことだ。そこにデザインの創意工夫を加えることができるのだろうか。ただ、京都では、景観政策による指導が始まって年月が経ったことで、高級ブランドホテルなどのデザインには、勾配屋根や庇を、直喩ではなく、きわめて洗練させたデザインとして使いこなしたような建築も出てくるようになった。そうした洗練の過程が、ほかでも進むことを期待したい。

第五章

保存をめぐって

一九八〇年に日本建築学会編『日本近代建築総覧』が出版された。日本中の近代建築を網羅的にリスト化したものだ。このリスト作りは、日本近代の歴史的建築がさまざまな開発事業の中で、無残にも破壊されていく状況から、まずは何が歴史的なものなのかを認定したリストを公開することから始めようとして実現したものだ。その後、確かに少しずつだが、近代建築も文化財の一つとして認識され、保存する手立てが考えられるようになっていった。しかし、二〇〇〇年代以降には、建築の何を評価するのか、そしてどのように保存するのかという課題が顕れてくるようになる。とりわけ、モダニズム建築にまで歴史建築の範囲が広がっていくと、その課題はさらに大きなものとなった。一方で特徴的なのは、東京駅の修復・復元や、三菱一号館の復元など、記念的な大規模プロジェクトとしてよみがえる事例がいくつか登場してきたことである。このことをどうとらえればいいのか。しかし、「保存」という行為を、建築物を使い続けていく行為として捉え直すような、さまざまな動きも広がろうとしてきたのも事実だ。

01

建て替え神話は乗り越えられるのか

二〇〇二年三月二八日付

豊郷町という、滋賀県にある町が揺れている。戦前、近江八幡を拠点に全国で活躍した米国人建築家・ヴォーリズが設計した豊郷小学校の校舎(一九三七年)をめぐって、建て替えを進めようとする町長と、町の誇りだとして保存を訴える町民有志の対立が続いている。人口七〇〇〇人余の小さな町での事件だが、そこには、この国の文化財保存に対する認識に見られる本質的な困難が露呈していると言えそうだ。

今年一月には、十分な検討を町が行っていないなどとして、町民有志の訴えに、大津地裁は解体工事差し止めの仮処分命令を下した。さらに、日本建築学会近畿支部は保存の要望書を提出し、同支部ら主催によるシンポジウムも開催した。私はそこで司会をつとめたのだが、町長側の態度は強固で、裁判所には異議申し立てを行い、建て替えをなんとか実現しようとしている。

建て替えの根拠は、建物の安全性と機能性である。古い建物が危険だという指摘については、シンポジウムにも参加した建築構造学の西澤英和らが説得力のある批判を展開している。しかしここで深刻なのは、古い建物では機能性が実現できないという指摘である。シンポジウムのなかで町長は、「中古車」はいくらがんばっても「新車」にはなれないといった趣旨の説明をした。さらには、保護者の有志が「子供のために」として「早急な改築を求める親の会」なるものも結成した。ここにあるのは、建築とは、新しく建て直さない限りよいものとならない、つまりスクラップ・アンド・ビルドに対する根深い思い込みである。

ところが一方で、まったく逆の発想も確実に育ちつつある。一昨年、東京の「ギャラリー・間」で、一九六〇年代生まれの代表的な建築家を集めた「空間から状況へ」という展覧会が開催された。そこに通底していたのは、既存の環境に向き合おうとする態度である。リサイクルやリノベーションがキーワードになっていた。

出展者であるみかんぐみは、その後、団地を再生するアイデアをカタログ化した本をまとめた。やはり出展者で阪神・淡路大震災を経験した宮本佳明は「つくることの原罪」という言葉まで使っている。確かに、彼らのこうした発想は、文化財の保護とは別の次元でのデザイン論であると言えるだろう。しかし、それはスクラップ・アンド・ビルドを拒絶しようとする、彼らなりの意識の表れであるのも事実だ。

あるいは、保存改修工事により見事によみがえった公共施設の例が、地方都市で確実に増えているという現実もある。一九九一年から始まった、的確な維持管理や改修を表彰するBELCA賞の受賞建物のなかにも、地方に存在するものは多い。

既存の建築や施設を使いつづけることに価値や創造性を見いだそうとする。そのことは文化財としての保存とは別に、広く人々に共有される意思になりつつある。その意思を阻むものが何であるのか、われわれはそのことを考えていく必要に迫られているのだと思う。

豊郷小学校校舎（ウィリアム・メレル・ヴォーリズ設計、1937年）

afterword

この後、建て替え計画をリードした町長により校舎の解体工事が強行されるが、工事現場での反対派への暴行事件などもあり、結局新しい校舎は新築するが、旧校舎は保存するということになった。二〇〇八年より耐震・改修工事が行われ、翌年に「豊郷小学校旧校舎群」として校舎は見事に再生され、一般にも公開される。その後、アニメ（『けいおん！』）の舞台だとして、いわゆる「聖地巡礼」で多くのファンが訪れるようになり、その後も、さまざまな映画やドラマの舞台として使われるようになっている。この事例は、近代建築の保存の例として、二つの意味で興味深いものであった。一つは、保存運動を進めたのが卒業生を中心とした人々だったこと。一九八〇年代ごろから始まる近代建築を保存すべきという訴えは、建築史の専門家による文化財としての価値を主張するものが中心であった。一九八八年に保存が決定する煉瓦の東京駅舎も、建築の専門家ではない文化人が中心とした保存運動によって実現したものであるが、地方都市の小規模な建築でも、いわゆる市民運動による保存運動が大きな成果を挙げた例としては先駆的なものであっただろう。もう一つは、様式の名手とされるヴォーリズの作品ではありながらも、写真でわかるとおり、ほとんど無装飾のモダニズムのデザインであるにもかかわらず、これだけの保存運動が起こったことだ。東京駅のような装飾性の強いモニュメンタルな建築に、人々が魅力を感じるのは理解できるが、こうした無装飾の建築であっても、その歴史性を保存することに多くの人々の思いが集まったことは、この時代としては画期的なことであったと思う。

02

レプリカ保存

二〇〇三年三月二七日付

建築と美術にかかわる関西での二つの「保存」が、それぞれの分野で話題になっている。

一つは、みずほ銀行京都中央支店（旧第一銀行京都支店・一九〇六年・辰野・葛西建築事務所設計）の「保存」である。この建物は京都市の「界わい景観整備地区」の重要建物であり、改築計画にあたって、歴史的景観の保全が強く求められた。しかし、銀行は煉瓦造建築の脆弱性とメンテナンスの難しさを主張し、鉄筋コンクリートで新築した上で、外観をそっくりなものにするという、「レプリカ保存」とも言うべき方法を選んだ。この方法をめぐっては、保存要望書を提出し反対する日本建築学会と、銀行との間で話し合いがもたれるなどしたが、結局、古い建物は撤去され、そっくりの新築建物がこのほど完成した。古い部材はほとんど使われていないが、本物に似せたその完成度は高い。

もう一つは、兵庫県の香住町（現香美町香住区）にある大乗寺での襖絵の「保存」である。大乗寺は、客殿に円山応挙やその一門の画家たちの襖絵が多数（重要文化財の襖絵が一六五面）あり「応挙寺」の名で知られている。近年、災害と腐食から保護するため、国内最大規模の収蔵庫を建設し、そこに主要な襖絵を収蔵し、客殿には精巧なレプリカを納める計画が進んでいる。しかし本来、襖絵は建築（客殿）と一体化したものとしてあるはずだ。この保存をめぐっても、地元で今月二九日、「応挙寺と美の運命」というシンポジウムが開催される。

建築と襖絵では、その保存を考える上での条件が大きく異なる。しかし、どちらにも共通しているのは、歴史的遺産をレプリカをつくることで保存することが、最善の策としていることである。この方法は、建築でも美術の世界でも今後、急速に広まりそうな気配である。

複製技術が社会にもたらす意味については、すでにさまざまな議論が積み重ねられてきた。ダニエル・ブーアスティンが、複製技術の発達が消費社会における病理となることを指摘したのさえ、もう四〇年も前の話だ。しかし最近では、大きな博物館などでも、展示品をレプリカにすることが珍しくなくなってきている。しかも、それがレプリカだという断りが表示されないケースも多い。われわれは、本物／複製の区別に意味を失いかける段階まできてしまったのかもしれない。

古い外観の形状で新築されたみずほ銀行京都中央支店（2003年）

ただし、歴史的価値の保存という行為に限って考えると、複製による保存によってわれわれが失うものはあまりにも大きいのではないか。それは、ブーアスティンが批判した「経験の希薄化」、つまり現実を確かめることに意義を失うという事態が、深刻なものとして捉えられるからである。

みずほ銀行も、大乗寺の襖絵も、そのレプリカは極めて精巧に似せてつくられる。その精巧さには誰もが感心するだろう。しかし、言うまでもなく、その感心は歴史的価値の実感とは別物である。そして、その実感をわれわれが求めようとしなくなったときに、歴史的価値とは、その根拠を失うことになるのではないか。世界遺産認定のガイドラインでもあるオーセンティシティ（真正性、真実性）という概念は、まさにこの本物の実感の価値を指摘したものだと理解できるだろう。

歴史的価値の保存とレプリカの問題は、きわめて現代的な課題として深刻なのだと思う。

afterword

建物を解体して、そこにレプリカのようなものを建造するというこのみずほ銀行京都中央支店でのやり方は、歴史的建築の価値が、景観構成要素としての価値に偏ってしまった結果であると言えるだろう。それは、近代建築のファサードだけを保存するという方法から見られたことなのだが、その先駆例が中京郵便局（一九〇二年建設）のファサード保存（一九七八年）であったことから、この「レプリカ保存」も京都発の方法として普及していくのかと懸念した。しかし、実際にはここまで極端な例は、これ以降見られない。もちろん、この連載記事でも紹介することになる三菱一号館の復元（二〇〇九年）のような例もあるが、そこでの復元の厳密さや精巧さは、みずほ銀行の「レプリカ」とは次元が異なる。形だけ維持できればよいという「レプリカ保存」が広まらなかった背景には、保存行為が一つの創造的デザイン行為としてとらえられるようになったことがあるだろう。そこでは、近代建築において厳密にオーセンティシティを守ることが困難であることが改めて認識され、新たな概念としてインテグリティの重視が提示されるようになった。つまり本物ではないとしても、建築物としての本質や一貫性が誠実に守られることが重要であるということが、文化遺産の保存を考える新しい認識として広まりつつあると考えられる。

03

モダニズム建築の歴史価値

二〇〇七年九月二七日付

東京中央郵便局（一九三一年）と大阪中央郵便局（一九三九年）の保存問題をめぐる動きがあわただしくなっている。郵政民営化で庁舎の賃貸業務が解禁となり、駅前に立地する両建物を収益力の高い建物として改築する計画が進んでいるが、これに対して日本建築学会やモダニズム建築の保存団体「DOCOMOMO Japan」などが保存要望書を提出し、緊急シンポジウムを開催するなど活動しており、保存の機運が広がろうとしているのだ。

両建物は、逓信省の建築家として近代主義建築をリードした吉田鉄郎の代表作であり、オフィスビルのさきがけ的な存在として建築史上貴重なものである。しかし、東京中央郵便局の隣に建ち、重要文化財となっている煉瓦の東京駅などと事情が異なるのは、この二つの建物が、ほとんど無装飾の箱形のモダニズム建築であるということだ。

装飾が見どころとなる様式建築は建築史学上の価値が、そのまま人々にとっての魅力にもつながり、文化財建築として保存が実現するケースも多いが、機能をそのまま無装飾のスタイルとして表現したモダニズム建築は、その建築史学上の価値が、必ずしも利用する人々に伝わるわけではない。機能主義ならば機能が終われば、その存在も終わるべきだという指摘さえある。それらが立地する場所で考えても、いまや鉄道輸送に頼らなくなった中央郵便局が駅前に存在する必然性はなくなってしまっている。

ただし、スタイルとしての魅力が伝わらないとしても、それでも利用者がその建物に魅力を見いだすケースも出てきている。五年前に大きく報道された滋賀県豊郷町・豊郷小学校のケースでは、モダニズム建築の校舎が保存運動の対象となった。W・M・ヴォーリズが手がけた校舎（一九三七年）だが、ほとんど無装飾のモダニズム建築である。しかし、座り込みまでして町民たちは守ろうとした。そこには、建築のスタイルとは別の、使いつづけてきたという歴史の価値が、建物に見いだされたものであると言えるのだろう。

　では、こうした、いわば記憶の価値ともいうべきものを、東京駅と大阪駅の駅前で、保存への思いとして集約することができるのだろうか。日本建築学会の保存要望書には、建築史学上の価値に加えて、建物が長年利用されてきた歴史の価値も主張されている。しかし、その価値を巨大都市のターミナルという場所で、その空間を利用する数多くの人々に広く共有してもらうのは難しいだろう。そもそも、東京駅も大阪駅も、その周囲のほとんどの施設は地下でつながってしまい、地上にある一つ一つの建築物を個別に意識することも難しくなってしまっている。

　しかし現在、二つの建物の保存を求める声は少しずつだが広がりつつある。しかも、その声は建築界を超えて広がりつつあるようで、保存を求める超党派の国会議員団も結成された。これは、これまでのような装飾の美しさや希少性にではなく、整然と機能的につくられたものだとしても、そうした空間にも記憶が宿っており、その価値が一般的にも認められるようになってきたということなのだろうか。まだまだその声は小さいが、それは建築物の評価の仕方を少しずつ変える可能性を持っている。

東京中央郵便局（吉田鉄郎設計、1931年）［撮影：石田潤一郎］

afterword

東京中央郵便局のその後は、大きく報じられることになった。二〇〇九年に、総務大臣が文化庁からの重要文化財の価値を有する建物ではないかという指摘を受けて、それだけの価値のあるものを再開発で取り壊すのは「トキを焼き鳥にして食べるようなものだ」とした発言が話題となった。結局、壁面の保存部分がより拡大されるという決着で、高さ二〇〇メートルの高層複合ビル・JPタワーが二〇一二年に竣工した。ここでは、従来からの文化財の価値が主張され、しかもファサード保存というアリバイ的な保存に落ち着いてしまったが、大臣まで巻き込んだ保存運動が起こったことは画期的な出来事だったと言えるのだろう。しかしこれにより、東京駅周辺の丸の内地区は、ファサード保存が建ち並ぶ、世界的に見ても不思議な景色がつくられることになった。そのなかの典型例でもあった東京銀行協会ビル（一九一六年築、一九九三年に改築）は、周辺建物と合わせた再開発により、そのファサードもなくなってしまった（二〇二〇年）。アリバイを示す期間が「明けた」ということであろうか。一方で、大阪中央郵便局については、その開発計画は、その後長きにわたり「塩漬け」にされたままであった。ようやく、二〇一九年に高さ一八八メートルのやはり高層複合ビルの概要が発表されたが、その保存部分は、東京中央郵便局よりさらに限られたものになり、しかもその保存部分は敷地内を移動され異なる場所で保存されることになり、二〇二〇年にそのための曳家の工事が行われている。それは、さまざまな用途の空間が、横につながり、縦に重なり合うという大都市圏での空間のつくり方のなかに、モダニズム建築の保存という事業が飲み込まれてしまったような様相を示している。

いずれにしても、東京、大阪の中央郵便局でこうした改修がなされてしまうのは、そこが日本でも最も開発投資資金が注ぎ込まれる場所であるからだと言えるのだろう。しかし、こうした「保存」が不幸であるのは、設計者側の創造力が、そこにほとんど発揮できない点にある。さらに言えば、近年保存することの理念として指摘されるようになってきた、建築の本質を捉え、一貫性を担保し、誠実さを持って改修に取り組む「インテグリティ」からも明らかにはずれてしまうのだ。

04

建築の場が失われていく

二〇〇八年三月二七日付

東京と大阪の中央郵便局を筆頭に、近年、都心部での歴史的建造物の建て替え計画が加速している。もちろん歴史的価値を持った建築が建て替えられてしまう例はいままでも各地で見られた。しかし、現在起こっているのは、歴史的文化財を保存する意義が理解されないという事態ではなく、そもそも建築物が時代や地域を表すものだという認識が失われるという状況が進みつつあるのではないかと思われる。端的に言って、都心部において建築物が建築作品としての意味を担えなくなってきているのではないか。

そのことを象徴的に示すのが、大阪・道頓堀の「KPOキリンプラザ大阪」の昨年一〇月の閉鎖と商業ビルへの建て替え計画であろう。建築家・高松伸の設計による建物(一九八七年)は、映画「ブラックレイン」にも登場し、「光の塔」を戴く特異な造形は大阪・ミナミのランドマークになってきた。日本建築学会賞も受賞している。施設としてもキリンアートプロジェクトの拠点として、現代アートに大きな役割を果たしてきた。それなのに、建設からわずか二〇年での建て替えである。歴史的な価値が成立する前に、建築そのものの価値が否定されたかのようだ。

モザイクのように建築空間が自在に並び建ち、それらが連結されていく大都市都心部の状況のなかで、一つひとつの建築の表現が発信する価値が意味を失いつつあるのではないか。そこでは、歴史や芸術を発信しようとする建築造形が排除され、均質化され快適で利便性の高い空間が支配しようとしている。キリンプラザ大阪の後につくられる施設も、アパレルや飲食店が入居する、周囲にあふれているのとまったく同様の商業ビルである。

では、発信する建築とはどこに行ってしまったのか。著名な建築家によるファッションビルが競うように並び、建築の「万博会場」とも呼ばれるようになった東京・表参道などには確かに建築作品はあふれている。しかしそこは、作品の競合により成立する特異な場所だと言えるだろう。建築の表現は、そうした限定された場だけに囲い込まれるようになってきているのだ。

あるいは、著名な建築家の作品を毎年仮設するロンドンのサーペンタイン・ギャラリーや、再開発でつくられた公園内に内外の建築家のパビリオンを集めた中国の金華建築公園など、海外ではもっと明快に、建築作品を「展示物」としてコレクションするような例も増えてきた。

建築作品としての住宅や店舗が並ぶヘイリ芸術村（ソウル郊外）

韓国には、そうした展示コレクションとしてではなく、実際の生活の場を建築作品を集めてつくろうというケースもある。ソウルの郊外に作られたヘイリ芸術村だ。広大な敷地に、芸術家たちが集まる文化芸術村として構想されたものだが、博物館、音楽ホール、書店、レストラン、住宅など必要な施設は、審査によって選ばれた建築家の設計によってつくられている。今年中には、その建築作品の数は三〇〇棟に達するという。

作品の質は確かに高く、現在の韓国のとりわけ若手の建築家の力量をうかがうことができる。しかし、建築作品だけが連続する環境では、個々の作品の魅力が伝わりにくいのも事実だ。やはり展示品を見ているような印象しか持ち得ない。建築の表現とは、リアルな社会状況との応答によって成立するものであることを改めて実感する。

キリンプラザ大阪の「光の塔」も、道頓堀という場に呼応した表現として、評価されてきたはずである。そうした、場所に裏打ちされた建築の表現が、再び都心で価値を持つことができるようになるのだろうか。

afterword

ヘイリ芸術村は今でも存在するが、生活の場というよりは人気の観光地となっている。つまり、これも建築の展示場になってしまっていると言えるのだろう。はたして、そうした囲われた場でしか、現代建築は残れないのか。高松伸のあの機械のイメージの作品は、京都にも北山通を中心に数多く建設されたが、その多くはすでに建て替えられてしまっている。

しかし一方で、戦前までのいわゆる近代建築については、しだいに保存・修復が行われるケースが増えていった。建築が「消費」されてしまうタイムスパンについては、何がそれを決めることになるのかあらためて考える必要があるのだろう。確かに「KPOキリンプラザ大阪」は道頓堀の場に呼応したデザインになっていたが、もはや場所のイメージも短いサイクルで消費され変化していくようになっている。はたして、その変化に巻き込まれないで、場所との関係性を構築できる造形とは、どのようなものになるのだろうか。

05 驚異の復元

二〇〇九年六月二五日付

三菱地所が復元整備を進めてきた「三菱一号館」が竣工した。お雇い外国人として来日し日本の建築界の基礎を築いたジョサイア・コンドルの設計により、一八九四（明治二七）年に、丸の内最初のオフィスビルとして竣工したが、一九六八（昭和四三）年に取り壊されてしまった建物を、再度丹念に復元したものだ。

驚くのは、その復元の「こだわり」である。約二三〇万個の煉瓦を焼くことから始まり、意匠、技術、材料、さらには部材の製造方法などすべてにわたり、残された資料にもとづき可能な限り忠実に復元しているのだ。そこまでして復元するなら、なんで壊してしまったのだと言いたくなるが、そんな批判も、まったく寄せつけないほどの迫力である。これは驚いた。

しかし、この建物はいったい何なのか。三菱のシンボルとして、あるいは「一丁倫敦」と呼ばれたオフィス街の歴史の証人として復元した、という意義はわかるが、実際には、どのような機能を与えることができるのだろうか。と言っても、この古い形式を完璧に再現してしまった建物に、何か特定の用途を設定することは難しいだろう。少なくとも、本来そうであったオフィスビルとして使うことは不可能だ。

もちろん、一つの建物が一つの用途を持つものとなるという、建築のビルディングタイプはすでに意味を持たなくなってきているわけで、この建物も記念館のようなものを中核とした複合的な用途に使われるものとなるのだろう。そう思っていたのだが、この三菱一号館は美術館となるのだという（オープンは二〇一〇年四月）。一九世紀の近代美術に焦点をあてた本格的な美術館が計画されている。このことにも驚かされた。

現代アートの広がりにより、美術館建築はさまざまな展開が試みられるようになった。使われなくなった近代建築を、あえて現代アートの拠点にするなどの動きも広がりつつある。しかし、ここで計画されているのは、そうではなく、伝統的な形式での美術館だ。一九世紀の建築に、一九世紀の作品が展示されるというわけである。現代のオフィスビルからすれば窓の面積は少ないが、それでもオフィスビルとしてたくさんの窓が並んでいる。そこにどのように展示空間をしつらえるのだろうか。かなりの工夫が求められるだろう。

復元された三菱一号館(三菱地所設計、2009年)

復元事業は一つのイベントであり、その情報的価値はいずれ消費されてしまうことになるだろう。その時にこの建物が、美術館としての価値をどのように構築できているのか。おそらく、この点が、この驚異の建物の最も見どころになっていくのだと思う。

afterword

日本のオフィスビルの魁である三菱一号館が、一九六八年に取り壊されたとき、みな耳を疑った。まさかと。その衝撃が、日本で近代建築の保存運動が広がる契機となったと言われる。その建物が、四〇年の年月を経て再建されたのだ。この三年後には、東京駅も復元されている。東京駅は、戦災で壊滅的な被害を受け、屋根を中心に仮に修復したままになっていたものが、ドームの屋根をいただく復元が実現した。仮の簡素な勾配屋根のまま保存すべきという声もあったが、建設当初の壮麗な姿に戻った。こうした復元は、近代建築の保存の歴史を考える時に「特異点」なのであろう。東京丸の内という場所だからこそ、その記念性が何よりも求められることで実現した例外的事例ということになるのだろうか。しかし、とらえておかなければならないのは、その復元に傾けられた情熱と創造性である。確かに、オーセンティシティは失われるが、建物が持ち得た本質がどこにあるのかを丹念に明らかにし、それを実現させる方法を誠実に検討している。その意味で、インテグリティはきちんと実現されていると言えそうだ。であれば、三菱一号館も東京駅も、長い時間のスパンで捉えた履歴のなかに収まるものとして評価すべきものとなるはずだ。そう考えれば、近代市民社会、産業社会の原点とされる三菱一号館の時代の一九世紀の近代美術を展示するという三菱一号館美術館のあり方は説得力を持つのだと思う。コレクションも充実しつつあり、美術館としても魅力的なものになってきている。

06

シンボルではなく空間の質を残す

二〇〇九年一二月一八日付

都心の再開発事業が進むなかでも、ようやく建築の保存・再生への取り組みが活発になってきたように思える。今年も、東京中央郵便局の保存が政治問題化され、東京駅のドームの復元工事が進み、三菱一号館が復元された。早稲田の大隈講堂も、近年の再生工事により見事によみがえった。しかし気になるのは、こうした保存・再生がいずれも、国家や組織(企業や大学)のシンボルとしての価値を見いだすことで取り組まれているという事実だ。

一方で、アジア地域でも同様に都市や建築の保存・再生が盛んになってきているが、実は、その事業の背景には、明らかに日本と異なる事情が見てとれる。

写真は、台北の台湾博物館である。日本の統治時代に日本人が設計して建設された児玉総督後藤民政長官記念博物館(一九一五年)を台湾博物館として再生したものだ。この再生事業もすごいのだが、驚くのは、この博物館の拡張計画である。周囲にある同様に日本人が設計した銀行や役所(旧日本勧業銀行台北支店、旧台湾総督府鉄道部、旧専売局台北南門工場)を次々に博物館として改修・再生しようという計画が進んでいるのである。台北では、ほかにも日本人が残していった多くの建物が、さまざまな文化施設として再生されている。

植民統治時代に建設されたこれらの建物は、歴史のシンボルにはなりえない。実際に、再生された施設も、統治下の建物であったことがことさら喧伝されているわけではない。ここでは、過去につくられた空間の質が、引き継がれるべき価値として認められているということだろう。

かつて、建築家のアルド・ロッシは、都市に築かれる建築とは、本来的に人々の記憶を担うものであり、都市の永続性を保証する要素としてあると指摘した。確かに長い年月残されてきた建築は、歴史の正統性を象徴するためだけにあるのではないはずだ。そこに残された記憶を引き継ぐものとして古い建築を捉える認識も求められなくてはならない。

「コンクリートから人へ」。政権交代を果たした民主党のスローガンである。ここで危険なのは、コンクリートという言葉に建設行為のことごとくを含めてしまうことだ。人は、新たな空間を建設することで文化をつくってきたのも事実である。確かに、建築は強い政治性や象徴性を持つものだが、そうした属性とは別に一つの文化資源でもありえるものだ。そして重要なことは、その資源は、スクラップ・アンド・ビルドで維持されるものではないということだ。文化の創造を継続的に丁寧に続けていく方法を考えなくてはならない。

台湾博物館ホール
（野村一郎・荒木栄一設計、1915年）

この後も、台湾各都市では多くの日本統治時代の近代建築が、さまざまな用途にコンバージョンされ再生される事業が広がっている。台湾博物館では、旧日本勧業銀行台北支店が丁寧な修復を経て二〇〇九年に台湾博物館古生物館となり、専売局台北南門工場が二〇一三年に台湾博物館南門園区として、旧台湾総督府鉄道部が二〇二〇年に台湾博物館鉄道部パークとして、それぞれオープンし、観光拠点としても賑わっている。そのほかにも、日本統治時代の酒工場の跡地をアート・イベント空間として再生した華山一九一四文化創意産業園区や、同じく煙草工場をさまざまな文化施設が集合する松山文創園区とする事業も進みつつある。興味深いのは、いずれも公的な文化施設として再生しながらも、そこに巧みに民間業者も介入できるようにしていることで、松山文創園区では高層の商業複合ビル（台北文創）が、伊東豊雄の設計で建設された。こうした新旧を重ね合わせながら建築の保存・再生が進められている状況には、「保存」が「開発」へと展開していくさまを見いだすことができる。

07 モダニズムを残す価値

二〇一〇年三月二五日付

現在建て替え問題で揺れている三重県の伊賀市庁舎(旧上野市庁舎)をひさしぶりに訪ねた。日本のモダニズム建築を牽引した一人である坂倉準三(一九〇一～六九年)が設計し一九六四年に完成したものだ。坂倉は当時の市長から依頼され、公民館、小学校、レストハウスなども設計したが、そのいくつかも市役所の周囲に残されている。一人の建築家が、これほど多くの公共施設の設計に携わった例はきわめて珍しい。背後の城山を背景にしたその建築群のたたずまいは、モダニズム建築としての力強さを保ちながら、いまでも上品で美しい。

市が建て替えようとする根拠は、老朽化と手狭であること、それに新たな環境整備の必要などである。近年、近代洋風建築が、さまざまなかたちで保存・再生される例が増えてきた。しかし、華麗な装飾に「かけがえのなさ」が見いだされる様式建築と違って、無装飾を基本とするモダニズム建築の保存は、理解を得るのが難しい。モダニズム(近代主義)は、機能主義を標榜する。だとすれば、新たな機能にしたがい建て替えることもその建築的営為ということになるのだろうか。いやそうではなく、近代主義によりつくられた建築も、建築家による表現行為、つまり作品の一つとして見るべきなのである。

さきごろ、私が勤務する京都工芸繊維大学で開催された「建築家 本野精吾展」を見て、その思いを強くした。同大の前身である京都高等工芸学校の教授でもあった本野精吾(一八八二～一九四四年)は、近代建築史上それほど目立った存在ではなかったが、残した数少ない作品の特異な前衛性から、近年注目があつまりつつある建築家である。彼こそは「個人性の表現の消滅」すら主張した、最も過激な機能主義者であった。しかし言葉とは裏腹に、残したどの建物にも、作家として託した思いが伝わってくる。

伊賀市庁舎もそうであるように、モダニズム建築の外観を最も特徴づけるのは、むき出しにされたコンクリートだろう。本野は、その表現をわが国で最初に実現させた建築家でもある。しかし、彼の作品には、打設したコンクリートをわざと削るなど、表現としての操作が明らかに加えられている。本野独自と言える表現が確かにそこには存在するのだ。

モダニズムの建築家とは、機能主義が徹底されることにより、建築ごとの個性が奪われることに、むしろ抵抗しようとした建築家たちであったと言えるのだろう。自らの表現により、機械のように取り替え可能なものではなく、その場所にしかありえない特別なものをつくろうとする作家だったことを改めて実感する。伊賀市庁舎のたたずまいも、その場所にしかありえない「かけがえのない」ものと、確かになっているのである。

伊賀市庁舎(旧上野市庁舎)(坂倉準三設計、1964年)

afterword

この後、伊賀市庁舎は保存されることとなり、二〇二〇年現在、そのための保存活用計画の検討が進められている。その経緯は、こうしたモダニズム建築の価値が認められるために何が必要になるのか、そのための重要な参考になると考えられる。

二〇〇八年の時点で、庁舎を解体し新庁舎を建設することが決定された。しかし、この記事を書いた二〇〇九年には、DOCOMOMO Japanや日本建築学会東海支部、日本建築家協会東海支部、建築史学会などから保存要望書の提出が相次いだ。そして、二〇一二年に新市長が就任すると、旧庁舎の活用を前提とする庁舎整備計画が策定される。さらに、DOCOMOMO

Japanや日本イコモス国内委員会による選定などもあり、二〇一九年に、ついに旧庁舎は伊賀市指定有形文化財に指定されることになり、保存活用計画の策定に至ることになる。その活用計画は、保存・保全すべき部分を明確に定め、その他の部分は「調和したものであれば」現状変更を認めるとするなど、改修設計にそうとう踏み込んだ内容になっている。ただし、改修後に市指定以上、つまりは国指定を受けることを踏まえたものとして取り組むべきとしているところが、改修設計の自由度が削がれるという意味で少し気になるところではあるが。いずれにしても、一九六〇年代に考えられた庁舎を、今の時代のものとしてどのように再生できるのか、まさに改修にたずさわる建築家の創造性が問われることになるだろう。

08 復元建築の役割

二〇一〇年七月一日付

今年一年をかけて奈良では、平城遷都一三〇〇年祭が開催されている。その主会場となる平城宮跡では、奈良文化財研究所が復元設計に取り組んできた大極殿や朱雀門などの建物が偉容を誇り、記念祭のシンボルとなっている。

しかし、文化庁がリードするこの復元事業には、一部の研究者などから批判もある。宮跡の発掘でわかることは限られており、建物の具体的な造形は、厳密な考証を重ねてはいるものの、多くの部分がなんらかの推測に基づくものになってしまう。にもかかわらず巨費を投じて、それを建設するのは、極端に言えば捏造になってしまう可能性もあるのではないか。実際に、その後の調査などでさらに正確な造形がわかり、それと違っていた場合にどうするのかという不安はつきまとう。文化庁はこの宮跡全体を「遺跡博物館」として位置づけているが、確かにこれら復元建築は「正確」な展示物とは言えないのかもしれない。

実は、まったく同じような復元が一〇〇年以上前、一八九五年の平安遷都千百年紀念祭においても行われている。平安宮の大極殿や応天門などが紀念殿として復元されたのだ。復元の設計には、わが国の建築史学の開祖とも言える伊東忠太があたり、こちらの考証もかなり厳密だった。といっても、やはり建物の上部構造には推定が多く、しかも紀念祭主催者からの要請で屋根の形式など変更を余儀なくされた。今回の大極殿の復元に比べれば、その厳密さでははるかに劣るものである。それでも市民は、その完成を大文字の送り火さえ灯し、こぞって祝ったのである。

平城宮も平安宮も、その復元建築は、どちらも記念建築としてお披露目されたわけだ。その限りにおいては、多くの推定の上に成り立つ建築でも価値を持つということになるのだろう。今回の大極殿・朱雀門も、平城遷都一三〇〇年祭の賑わいに不可欠の施設となっていることは確かだ。しかし、平安宮の復元建築は、一過性のイベントを超えた意味を持ちつづけることになった。復元された平安宮は、平安京を建設した桓武天皇を祀る平安神宮の社殿となり、その前面の敷地で、大規模な内国勧業博覧会も開催され、それを契機として京都は観光都市としての発展を確実なものとしていくことになる。つまり記念殿という役割を超えて、京都という歴史都市のシンボルとしての役割を担っていくことになったのである。いまとなっては、平安神宮社殿が、復元建築であることを知る人の方が少ないかもしれない。

復元された平城宮大極殿正殿（復元設計：奈良文化財研究所）

　では一方で、平城遷都一三〇〇年祭のイベントが終わった時に、復元建築はどのような役割を担えるのだろうか。復元は一過性の事業であり、その事業が終了した後でも、それが価値を維持しつづけるためには、その記念性がどれだけ広く共有されたものになっていくかが問われることになるはずだ。だとすれば、この記念殿の復元だけでは足りないのであろう。この復元建築を契機にしたさまざまな文化的事業が継続され、それによって、平城遷都という歴史の重要性を改めて認識し、その場所に魅力を感じる思いが広がっていく。そうなれば、復元における厳密性がことさら問われることもなくなるのであろう。

afterword

この復元事業の背景と経緯についても説明しておく必要があるだろう。平城遷都一三〇〇年祭の二年前から、平城宮跡の保存・活用を図る目的で、平城宮跡歴史公園の事業化がスタートしている。平城宮跡をそのまま再現するという大規模な公園計画だ。ただし、二〇二〇年の段階で、大極殿・朱雀門以外に復元が進んでいるわけではない。国営公園として息の長い計画ということなのだろう。一方で、二〇一八年には朱雀大路を中心に観光拠点ゾーン「朱雀門ひろば」の一部が開園している。つまり歴史公園と言っても、観光拠点開発としての性格は色濃いことがわかる。そうなると、公園は歴史テーマパークのような性格づけになり、復元建物はそのパビリオン建築のように見られるものにならないのだろうか。確かにそうなれば、復元の正確さは問われないことになる。しかし、二〇一五年には復原事業情報館が開館していて、そこではCGなども使い丁寧に復元された造形がどのように推定されたのかの根拠が説明されている。なるほど、そこでは復元がひとつのテーマ＝物語として語られているのである。新しいテーマパークのあり方が模索されているのだろうか。

09 建築は何を残すことができるのか

二〇一一年四月四日付

今回の壊滅的な津波の被害は、人々が築いてきた建物やその風景を根こそぎ奪ってしまったという点においても過酷なものであったと思う。阪神・淡路大震災後の建築調査でも実感したことだが、それらは人々の記憶のよりどころであり、その喪失感の深刻さは計りしれないものとなってしまう。建築や街の景色が、いかにかけがえのないものであるかということを、被災映像は改めてわれわれの前に見せつけた。

近年、わが国でも歴史的建築を保存しようとする動きが広がりつつあるが、これも生活の証しとしての景色を守ろうとする意識の表れであると言えるだろう。ただし、これまでの保存では、もっぱら建物の外観や装飾といった、表層的な形＝サインがその対象になってきた。はたしてそれだけで生活の証しは守れるのだろうか。

そのことを正面から問い直す事態が、いま京都で起こっている。戦後日本の建築界を牽引した建築家・前川國男の代表作である京都会館（一九六〇年）の改修が、京都市により計画されている。オペラの上演もできるようにホールの舞台部分を大幅に拡張し、内部の機能も再編成するが、建物の外観はほぼ残すという計画である。これに対して、改修といえどもこれでは建築の価値が失われるとして、日本建築学会をはじめ建築に関わる主要な団体が保存要望書を提出している。そこには、建物を残すことをめぐる認識の違いが明確に表れることになった。

確かにこうしたモダニズムの建築は、外観などだけで価値を計ることはできないはずだ。建築家は、表層の形だけではなく、むしろそれにより構成される空間に作品としての価値を見いだそうとしてきたからだ。だとすれば、その価値を残すためには、空間の全体が保存の対象となる必要があるだろう。

京都会館の造形は、その大胆に設けた庇に、寺院をイメージさせる特徴があるなどと指摘されてきた。しかし、やはり魅力の本質は、ピロティやゆったりした吹き抜けといった巧みな空間構成にこそあると言えるだろう。それは、実際にこの建物を利用してきた人々にも共有されてきたものだ。その構成を大きく変えてしまう改修は、やはり建築の価値を失わせてしまうことになるだろう。

旧京都会館（前川國男設計、1960年）

もちろん、公的施設の機能の拡充をはかることは必要である。であるならば、建築としての価値を維持しながら機能拡張を実現する方法を、時間をかけて慎重に検討することが求められるはずだ。建築によってわれわれは何を維持し守っていけるのか、そのことを改めて考える必要がある。

afterword

東日本大震災の直後であるにもかかわらず、京都会館の保存について書いた。それだけ、この保存問題が抱える課題が大きいと思ったからだ。その後の経緯も記しておく必要があるだろう。この記事を書いた二〇一一年に、基本設計業務について、選定プロポーザルを経て香山壽夫建築研究所が受託することになる。同時に、市は「京都会館の建物価値継承に係る検討委員会」を設置。私もそのメンバーとなる。そこでは、建物の価値と認められる部位がどこにあるのかを再確認する作業が進められた。翌年この委員会の提言がまとめられたが、その時点でも改修に反対する運動は続いた。それでも京都市は、改修工事に着手。ちなみに、工事費用の捻出のため、電子部品メーカーであるロームに命名権を売却したため、二〇一六年に新装となり、名称は京都会館ではなく、「ロームシアター京都」となった。その後、優れた改修に贈られるBELCA賞を受賞している。確かに、メインのホールをつくり直すという大改造でありながら、改修部分の造形をなるべく抑えた表現にする改修設計になっている。しかし、舞台上部の屋根に飛び出した造形や、ホール周辺の拡張のために中庭に張り出したガラスの造形などは、どう見ても、もとの建築の魅力を削いでしまっていると感じられる。検討委員会で残すべきとして指摘したはずの中庭の空間の質は損なわれてしまっているとどうしても感じてしまう。しかし、そもそもメインのホールの改築を、この建物を維持しながら実施しようとした計画に無理があったと言うべきなのかもしれない。

10
復興はどのように描かれるのか

二〇一二年三月二九日付

一年を経過して、東日本大震災の復興に関わろうとする建築家の取り組みも、新たな展開が必要になってきている。

建築家とは、建築家個人の構想力をもって社会に対峙するものである。被災直後の、個々の被災地における緊急避難的な活動においては、そうした建築家の取り組みは大きな力を持った。しかし一年が経過し、より広域的で長期の復興計画が求められるようになると、建築家のアイデアはどのような力として発揮することができるのだろうか。その問いに対して、「アーキエイド」(建築家による復興支援ネットワーク)や、時代をリードしてきた五人の建築家による「帰心の会」のような、建築家が連携・連帯する活動が広がろうとしている。

しかし、そこで提起される復興に向けたアイデアには、必ずしも新しい概念が提示されているわけではない。共同体の再生を目指そうとする構想が目立つが、これは建築計画学分野では古くからのテーマになってきたことだし、空間や社会システムに対する提案も、成熟社会に見合った小規模・分散型モデルの必要性が認識されるなかで、以前から指摘されてきたものが多い。

一方で、写真洗浄が大きな広がりを見せる。あるいは、「奇跡の一本松」の保存活動など、ほとんど空間をリセットするしかない今回の被災で、人々はそれでも「記憶」に縋《すが》りたくなる現実がある。復興される空間にどのように「記憶」を風景としてつくり出すことができるのか。おそらく、その辺りにこそ、建築家の構想力の出番があるように思う。

その意味で、宮本佳明の「福島第一原発神社」の構想は、考えさせられるものだ。廃炉により発生する放射性廃棄物を建屋に水棺化し、それを一万年以上にわたり安全に保管する(祀る)ために神社にしようというのだ。もちろん、これこそ建築家の構想力がスタンドプレーとして出てきたもので、被災者感情を逆撫でする悪い冗談だと切り捨てることもできるだろう。

ただ、生活の中で「記憶」の拠り所となるものが何も残されていない過酷な状況のなかでは、こうした「記憶」を積極的につくってしまうようなアイデアの可能性もあるのではないかと思った。過酷な体験の遺産をどう保存するのか、確かにそれは復興のビジョンに関わる重要な課題となるはずだ。

afterword

この記事に、宮本佳明の「福島第一原発神社」のイラストを掲載しようとしたが、新聞社側に強く拒否された（その判断は正しかったと思うが）。確かに震災後に、建築家はたくさんの絵を描いている。それは、阪神・淡路大震災の時にはなかったことだ。その多数のプロジェクト案（五一案）は、「3・11——東日本大震災の直後、建築家はどう対応したか」という展覧会になって、この記事が掲載された二〇一二年三月から世界各地を巡回し、書籍として刊行もされた。「福島第一原発神社」はそこには収録されていないが、集められた復興アイデアは、その表現方法も含め、建築家により多種多様である。その揺れ幅の大きさには、それを展覧会として並べてみる価値を見いだすことができるだろう。もっとも、アイデアのよりどころになっているのは、ここで指摘したようなコミュニティの復活など素朴なものが多いのだが、注目しておきたいのは、過去の災害時の復興計画に見られたような理想都市を大規模に構想するようなものが一つもないことである。個別の人や地域によりそいながら、そこで何かを回復していこうとする姿勢は、地域や人と建築の関わり方が確実に変わったことを示しているのだろう。

魅了する装飾デザイン

京都市上京区にある京都府立鴨沂《おうき》高校は、多くの学者や芸能人(沢田研二さんや森光子さん)を輩出してきたことで知られる名門校である。一九三六年に建設されたその校舎が、老朽化を理由に建て替えが決まったという。しかし、卒業生を中心として保存を望む声があがっている。確かに、文化財としての価値が高い建物なのだが、その魅力の中心はアール・デコの装飾にあると言ってよい。それをどう評価すべきなのか。

アール・デコとは、両大戦間に世界中で流行した、近代を象徴する幾何学的な装飾である。近代主義の無機質な骨格にその洗練された装飾を施した建築が、日本でも、映画館やデパートなどの商業建築から各種の公共建築まで、大量につくられた。京都に残る昭和戦前期に建てられた学校建築も、そのほとんどがアール・デコの装飾を見いだすことができる。

ただし、アール・デコは変幻自在である。さまざまな装飾要素を巧みに受け入れる。鴨沂高校校舎では、正面には日本屋根を戴くなど、日本風の要素も見られるのだが(和様折衷のスタイルだと説明される場合もある)、そうした要素も呑み込む形で、校舎の内外にわたりアール・デコの装飾が展開されている。

『アール・デコの建築』(中央公論新社、二〇〇五年)を著した西洋建築史の吉田鋼市は、それはモダニズム建築のような理念を持たず、それゆえ大衆に広く受け入れられたものだとする。つまり、作り手の理論によるのではなく、時代によって生み出された様式と言えるのだろう。だから建築家の名前はあまり知られることがない。鴨沂高校の校舎の設計者も、京都府の技師である。それでも、大衆文化の洗練にしたがい、その装飾の完成度もきわめて高いものである。

モダニズムはこうした大衆的な装飾をそぎ落とすことで洗練されていったのだが、現在その価値が再び評価されてもよいはずだ。文化財としての価値の根拠となる由緒や正統性だけでなく、その建築が持つ時代に共有された造形の魅力も評

二〇一三年六月二七日付

価されるべきである。

そして重要なことは、アール・デコの装飾がいまだにわれわれを魅了することである。アール・デコの装飾が見据える時代は、確実に現代にも繋がっている。鴨沂高校の校舎も、古い様式建築などに感じる歴史的価値とは別の、いまでも「かっこいい」魅力にあふれている。こうした魅力も、歴史的建築が残される価値であるはずだ。老朽化したのであれば、積極的に修復・補強する対象としなければならない。

京都府立鴨沂高校校舎（1936年）

afterword

この記事の後も卒業生を中心とした「鴨沂高校の校舎を考える会」による保存運動は粘り強く続けられ、結局、最も校舎のデザインの特徴を表す正面の本館管理棟、および旧図書館棟が保存再生されることとなった。本館の両翼には新築の校舎も新設されたが、そのデザインは本館の雰囲気を踏襲するものとなった。二〇一八年に保存・改修が竣工。残念なのは、南北二つに分かれた敷地に、それを繋ぐための地下道があったが、その出入り口(写真)も含め撤去されてしまった。これが最もアール・デコのデザインを示すものだったので惜しい。ところで、この本館管理棟の改修においては、新設された「京都歴史的建築物の保存及び活用に関する条例」が活用され、保存建物の一部を建築基準法適用除外とすることが実現している。京都市でコンクリートの建物にこの条例が適用されたのは初めてであった。アール・デコと言っても、骨格はコンクリートのモダニズム建築である。それが、改修の自由度を縛ってしまう建築基準法の適用除外を受けられた意味は大きい。

12

ミャンマーの近代建築遺構を考える

二〇一三年九月二六日付

ミャンマーのヤンゴン市に残る近代建築を見てきた。

民主化が進んだことで「最後のフロンティア」などとも言われるミャンマーでは、インフラ整備の事業などへの各国からの受注競争が激しくなっている。安倍首相による日本の「トップセールス」も話題になった。しかし建設事業だけではない。ミャンマー政府はヤンゴンなどに残るイギリス統治時代の近代建築の遺産を修復し、国際的な観光資源とする計画も持っているようだ。これにはさまざまなノウハウや技術をともに開発していく息の長い協力体制をつくることが必要になるだろう。

その建築遺産は、実際に質・量ともに驚くべきものである。イギリスの建築様式の流れをくむわけだから、日本の近代建築と同様に赤煉瓦を露出するスタイルが多く、なにか親近感を感じるが、細かく観察すると構造や材料は大きく異なる。それは、イギリス植民地のネットワークを使った特徴あるものとなっていて興味深い。そして、いずれの遺構もスケールが大きく、それがヤンゴンの街中に大量に残されている。その中核となるのが、最高裁判所や行政庁、郵便局、中央病院などの公共建築である。首都移転により、政府機関の多くは移出しているが、郵便局や病院はいまでも現役で使われている。

ただし、それらの建築の大半は修理も行われず傷みが激しい。詳しい調査も行われていない。写真は、一九〇五年に完成した旧行政府の建物で、城郭を思わせる巨大な施設だ。規模・意匠ともヤンゴンの近代建築を代表するものである。これだけは現在は使われておらず修復が進められていたが、その工事は一部の壁の塗り替えなどに限られている。ほとんど放置された状態と言ってもよい。

こうした建築に本格的な修復を施し、再生・活用していきたいというのが政府の意向である。確かに、ヤンゴン川沿いに集中する近代建築遺構は、上海の外灘《がいたん》のような魅力ある都市景観を作り出す可能性を秘めている。しかし、そのための技術やノウハウを持つ専門家がほとんどいないという現状がある。

そこで今回、歴史的建築の調査や修復に実績のある、私が勤める京都工芸繊維大学が、その調査・修復を支援することになり、ミャンマー政府の工業専門学校協会などと覚書を締結することとなった。現地の大学との共同研究も進め、専門家の人材育成も支援する計画である。

旧行政府の建物（ヤンゴン）

これまで、発展途上国の開発援助とは、インフラ整備や新市街建設の事業が中心だった。もちろん、今のミャンマーにもそれは必要なのだが、一方でミャンマー政府は、今ある資源の保存・活用も、都市の「開発」であると理解しているようだ。新しいインフラをつくることで経済成長を支えるという一方的なイメージだけでは、こうした国の支援はできなくなっている。

afterword

われわれは、まず現状の調査から取り組んだが、都市計画法すら未整備な状態で、植民地期の建築遺産を扱う制度がない。また、研究者や専門家も少なく、主に民間団体（ヤンゴン・ヘリテージ・トラスト）が自主的な活動を行っているという状況である。そのようななかで、時間も限られた調査は詳細な分析に至るものにはできなかった。また、研究者の交流などはあったものの、実際の修復事業への参画も限られたものにしかならなかった。しかしその後、いくつかの大規模な遺構について、外資によるホテルへの転用が計画されるようになった。反対運動もあるようだが、観光開発の資源にしたいというミャンマー政府の考えからすれば有益な活用計画だと思われた。そのようななかで、二〇二〇年の軍事クーデターが起こってしまった。状況はよくわからないが、ホテル計画などは止まってしまったであろう。経済投資が行われない状態が続いた場所では、建築物は放置され、結果的に優れた建築遺構が残される。しかし、それを遺構として活用するのは、投資が始まらなければならない。それには政治的安定が必要となる。しばらく息の長いつきあいを続けていくしかないだろう。

13
改修に求められるアイデア

二〇一四年六月二六日付

いま京都で、市庁舎の整備が進められようとしている。現在の本庁舎は昭和初期（一九三一年）に竣工したもので、細部に東洋的モチーフを使いながら、ネオ・バロックの構成でまとめた特徴ある建築である。一九六〇年代から建物の裏側に増築するなど執務スペースを広げてきたが、二〇年近く前から老朽化、狭あい化が深刻となり、整備・改修の計画が議論されてきた。

整備計画のパンフレットでは、冒頭に門川大作市長が「地震に打ち克つ抵抗力の養成に全力を尽くさなければならぬ」としている。一瞬、そのために古い庁舎を取り壊すのかと思ってしまうのだが、これは設計者の一人であり、戦前の関西建築界を代表する建築家であった武田五一の言葉である。つまり、庁舎の歴史的価値を認めつつ、耐震性などを加えることで整備・改修を進めたいという意思表示だ。

そして実際に、戦後の増築部分は建て替えなどした上で、本庁舎は免震装置を施し、ほとんどそのまま保存する計画が示された。職員三〇〇〇人を超える大都市の市役所庁舎で、これは画期的なことだろう。とはいえ、現状の敷地の条件でこの保存計画を実現することはかなり厳しい。そこで、本庁舎に覆い被さるような形での新築部分もつくるという、かなり苦労した基本計画が策定されることになった。

少し残念なのは、「民間ノウハウの発揮余地が少ない」ことなどを理由にして、現在プロポーザル方式（公募型）で行われている設計の業者選定では、デザインの提案ではなく、業者の実績や業務に臨む体制などを中心に評価が行われようとしている点だ。厳しい条件だからこそ、建築家や設計事務所に設計アイデアを競わせれば、現在の改修案より、さらに斬新な解決策が出てくる可能性もあったのではないか。

先日、国立競技場の建て替え計画について、建築家の伊東豊雄が現競技場を改修して新しい競技場にするという案を提示した。伊東は、今後はこうした既存の建築物を改修するようなアイデアがさらに必要になるはずだとした。建築物を使いつづける意義が受け入れられるためには、使いつづけるための工夫やデザインが必要となる。それをどう建築家が担えるのかが、重要な課題となっていくはずであり、今回の市庁舎保存改修でも、建築家のそうした創造力が試されてもよかったようにも思う。今後は、選定された設計者にも、限られた範囲になるとはいえ、施工方法や保存技術などにも新しいノウハウの提案を望みたい。

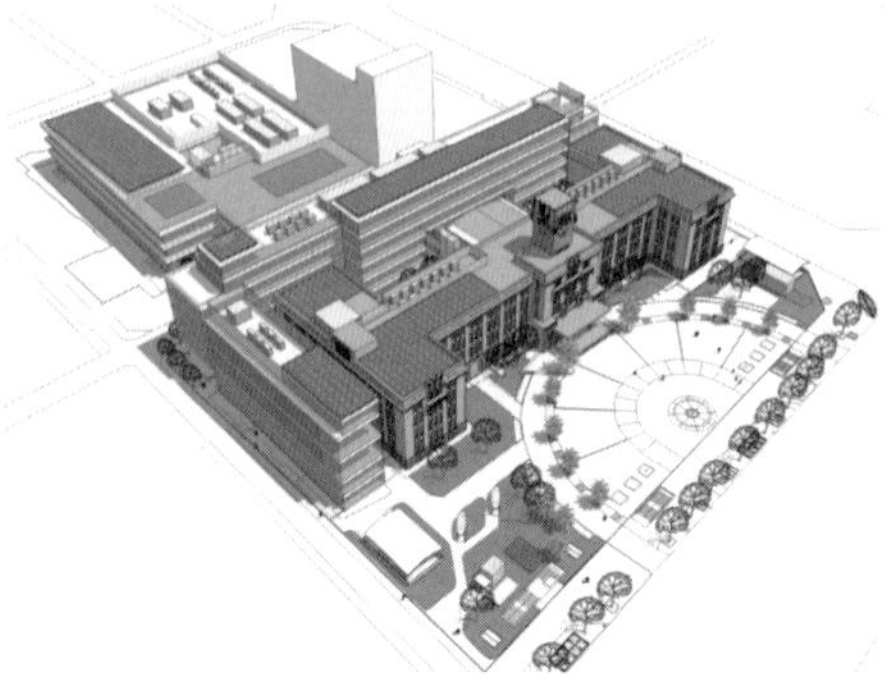

京都市庁舎整備後のイメージ図
［出典：京都市『市庁舎整備基本計画』2015年］

afterword

京都市庁舎のデザインは、昭和初期に京都中で建設が進んだ京都市立の小学校校舎の意匠と共通する特徴を持っている。そこには、武田五一の影響をうかがうことができ、そのデザインは、京都の近代を代表する文化資源であると言える。それらの小学校は、都市中心部人口の減少による統廃合などで、相次いで閉校されることとなった。撤去されてしまった校舎も多いが、市役所と同質の高い意匠的価値が認められるものは、京都市が慎重に取り扱い、コンバージョンが図られてきた。二〇〇〇年に京都芸術センター、二〇〇六年に京都国際マンガミュージアムと、当初は公共施設としての再生が実現したが、二〇二〇年には二つの高級ホテル（ザ・ホテル青龍 京都清水とザ・ゲートホテル京都高瀬川）、さらに二〇二一年にも高級ホテルの転用が計画されている。いずれにしても、市庁舎の保存も加わり、武田五一が中心となりつくり上げた特徴あるデザインが、京都の街に維持されつづけることで、特有の表情をつくりつつある。

14

建築に向けられる認識の広がり

二〇一四年一二月二五日付

先日、横浜最古の生糸倉庫であった旧三井物産横浜支店倉庫(一九一〇年)が、保存をのぞむ声のなか、解体に着手された。神戸でも、モダニズム建築の名作・日本真珠会館(一九五二年)が保存をのぞむ声のなかで建て替えが決まった。今年は、都市部において重要な近代建築の遺構が相次いで失われることになった年であった。

その一方で、二年前によみがえった東京駅丸の内駅舎は、駅舎内の東京ステーションギャラリーで「東京駅一〇〇年の記憶」展も開催され人気を集めている。また、富岡製糸場と絹産業遺産群が世界遺産に登録され、製糸場の建築に多くの人が訪れた。ほかにも産業遺産として残る地方の建築物の保存や活用が進みつつある。このギャップをどう考えればいいのか。

今年の建築界最大の話題は、二〇二〇年東京五輪のメイン会場となる国立競技場についてであろう。ザハ・ハディド氏の設計案をめぐって、多くの批判が集まった。この問題と近代建築の保存の問題には、通底した困難が指摘できる。それは、建築を建設する(建て替える)施主(事業者)の意思にまで入り込む手立てが見いだせないことだ。歴史的建築も、行政はさまざまな保存の手立てを考えるのだが、現状では、建物の所有者の建て替えの意思を直接に覆す仕組みはない。国立競技場の設計案も、それが決められる過程に周囲の人々が介在していく手立てがなかった。もちろん、建築というのはそういうものである。というか、そういうものであった。これまでは。しかし、地方での産業遺産の保存や活用などの事例では、そこに何らかの社会的な意思が強く介在するケースが出てきている。それだけ建築を見る目が変わってきたということなのだろう。

では、社会の建築への関心を、どのように建設や保存に取り込んでいけるのか。その課題は、金沢21世紀美術館で開催された「3・11以後の建築」展で示された、東日本大震災の復興事業における建築家の多様な活動のなかにも強く表れていた。描かれた復興プランには、それにより人々の思いがどのように共有化できるのかという課題意識が共通して見てとれた。

　そこでも紹介されている坂茂は、今年建築界のノーベル賞と言われるプリツカー賞を受賞した。確かに、彼の災害支援などに主体的に関わろうとする態度も、その評価に含まれているはずだ。しかし、今年は建築史家の鈴木博之氏を失ったことも大きな事件であると思う。たいへん悔やまれる。彼こそ、建築を一つの文化的営みとして捉え、それを社会全体のなかで位置づけようとした学者であったからだ。だからこそ、彼はリアルな建築保存の現場にも積極的に関わろうとしていたのである。

建て替えが決まった日本真珠会館（国登録文化財、1952年）

afterword

二〇一四年を振り返る記事で、いろいろなことがらの断片を繋げていてわかりにくくなっているが、指摘したかったことは建築設計や事業者の意思と、それをとりまく社会との間の関係こそが問われるようになっていることだ。「東京駅一〇〇年の記憶」展だけでなく、この後、建築家の作品展も含めてだが、東京で開催される建築展は、たくさんの集客を誇るものとなっていった。建築への関心は確実に高まっている。一方で、建築の事業者・所有者がどのようにして価値を認識してもらえるのか。近代建築については、一九九六年に発足した登録文化財制度で登録されるものが急激に増えてきたが、緩やかな保護措置であるため、その保存の多くは所有者の自助努力に負っている。そこで、組織化をめざし、二〇一九年に「国登録有形文化財所有者の会」が結成されている。あるいは、阪神・淡路大震災の教訓から育成が始まった、地域の歴史的建造物の保存事業を扱うヘリテージ・マネージャーは、保存運動や行政と、実際の建築主との間を埋める役割も担うものであり、これも日本建築士会によって、二〇一二年に全国ヘリテージマネージャーネットワーク協議会が設立され、その後活動をさらに広げつつある。建築を一つの文化資源として見る見方は、確実に広がっているが、同時に、その認識を具体的に事業化に繋げるための職能や人材も少しずつだが育ちつつある。そこで求められるのは、より客観的・学術的な立場からの建築の評価と指摘であろう。そのことが改めて問われるようになるはずなのだが、その意味で鈴木博之氏を失ったことは大きな痛手となった。

15　文化財は保存から活用へ

二〇一七年九月二八日付

今年三月末に閉鎖された奈良少年刑務所（奈良市）の建物を、ホテルなどとして活用するプロジェクトが進みつつある。「監獄ホテル」として話題になっているが、それが実現するのは、建物が文化財として残す価値が認められたからである。一九〇八（明治四一）年に奈良監獄として完成した建物は、明治の五大監獄（千葉、金沢、奈良、長崎、鹿児島）を手がけた司法省の建築家・山下啓次郎の設計で、ロマネスクを基調とする美しい外観を誇る煉瓦造建築である。

このプロジェクトは、その貴重な建造物を保存するために構想された。まず、文化財としての調査が行われ、今年二月には国の重要文化財の指定を受けた。その上で、所有者である法務省は、建物を維持・保存するための活用事業の提案を民間企業から募集し、採択された企業にその運営を任せる方式での事業を進めることとした。ホテルは、あくまで文化財の保存に支障がない範囲での付帯収益事業として提案されたものである。

海外では、使わなくなった刑務所をホテルにする例はすでにいくつもあるが、日本では初めての試みである。さらに言えば、こうした公的施設の活用事業を民間にゆだねるということ自体も、いままでにない試みである。事業提案での条件など、事業者を縛る制約がまだ大きすぎるという批判もあるようだが、それでも国が所有する土地・建物が民間の提案・運営で再生されるというのは画期的なことであろう。

一方で、文化財としての価値の維持という点では不安が残る。この建物は国の重要文化財に指定されたため、現状変更には文化財保護法により文化庁長官の許可が必要となる。今回、ホテルにするために、従来の指定文化財なら考えられないような大胆な改造が計画されたが、文化庁はその変更を認めた。これも画期的な変化であろう。

実は現在、文化庁において文化財保護法の改正に向けた議論が進められている。確かに文化財保護法は貴重な文化財を守ってきたが、それは限られた特に重要な文化財を指定して守るという指定制度によるものであった。今後、広く多様な文化財を守っていくためには、それが経済的にも自立し活用される仕組みを考えていく必要がある。そのために、文化財の活用をより積極的に促す制度の変更が検討されているのだ。今回の奈良少年刑務所の例もその先駆であると言えるだろう。

奈良少年刑務所（山下啓次郎、1908年）［撮影：石田潤一郎］

　しかし、文化財としての価値の維持と経済的な自立のバランスを考えることは難しい。筆者もその議論に参加しているが（文化審議会文化財分科会企画調査会）、多様な論点が出されており、中間まとめに対するパブリックコメント（意見募集）も実施された。この問題は、広く今後の日本の建築のあり方を考える上でも重要となるはずだ。

afterword

ここで取りあげた文化財保護法の改正は、二〇一九年より施行されることとなった。では何が変わったのか。これまで、国が指定・登録する文化財は、国が直接、保護措置を行ってきたが、これからは文化財の数が増えていくなかで、国だけでなく、地方行政にも保存活用の対応を担ってもらおうというのが基本的な考え方である。そして、それを担うために市町村では、文化財の保存・活用を目指す地域計画を策定してもらい、それを国が認めることで、これまで文化庁にあった権限の一部も委譲しようというのである。その地域計画とは、当然ながら地域の文化資源をどのように活用していくのかというストーリーをつくることになるので、これまでの厳格な保存ではなく、より活用のための自由度が得られる保存・改修を行うことができるようになる。ただ、市町村の文化財行政に携わるマンパワーは限られているので、どれだけ保存・活用事業の管理が行き届くのか不安も残る。しかし、一方で「文化財保存活用支援団体」を市町村が指名することができるようになり、これまでの民間団体からのサポートをより積極的に活用することができるようになる。また、従来までの重要文化財などの指定建物の修復や改変についても、事前に計画を示すことでやりやすくなった。歴史的建築を再生したりコンバージョンしたりすることに新たな建築家の職能を見いだすことができるようになるだろう。まだスタートして間がないが、この新しい制度には期待したい。

16 使いつづけるという仕事

二〇一七年一二月二八日付

国立新美術館（東京・六本木）で開催された「安藤忠雄展―挑戦―」がたいへんな人気だった。美術館側の予想をはるかに超える入場者で、そのほとんどは建築に関わる専門家ではない人々だったようだ。安藤忠雄のこれまでの仕事の全容を明らかにしようとする意欲的な展示だったが、私が注目したのは、中央の広い展示空間の最後が「あるものを生かしてないものをつくる」というセクションであったことだ。ヴェネチアの旧税関倉庫を美術館にした「プンタ・デラ・ドガーナ」を中心に、建築の再生をテーマとした作品が集められていて、安藤の挑戦は、ついにここにたどり着いたという構成になっている。

西洋建築史の加藤耕一の著作『時がつくる建築』が今年のサントリー学芸賞を受賞した。この本で描かれているのも、建築が用途を変えながらも使いつづけられていく歴史である。そして、現代のスクラップ・アンド・ビルドの「新築」主義は、そうした歴史から見れば、むしろ例外的なものであることが主張されている。

文化財という概念も、その新築主義のために発想されたと考えることもできる。新築が繰り返される状況のなかでは、どこかで、建築の時を止める、あるいは時を巻き戻すということが必要で、そのために文化財という概念が要請された。しかし、そうして建築を守ろうとするのではなく、積極的に使いつづけていくという発想が確実に広がりつつある。

前回紹介した文化財保護法の改正に向けた議論は、先日、答申としてまとめられた。そこでは、活用のために文化財の規制が緩められるのではないかという懸念も聞こえてくるのだが、最も重要な点は、文化財を長期にわたって維持していくための計画を行政が主体となり作成しなくてはならないとした点である。従来は、歴史的価値の物差しで、建築を単体ごとに守ろうとしてきたのだが、今後は、地域や社会の状況からも歴史的建築を価値づけて、それを継続的に維持していくことを計画してもらおうとしているのである。

新築するのか保存するのかではなく、どうしたら建築を使いつづけていけるのか。その発想が建築の「挑戦」となっていく。しかし、そうなると建築家に求められる創造力も変わっていくだろうし、これまでの文化財修復を担う技術者も発想を変える必要が出てくる。あるいは、使いつづけることを実現させるための新たな職能や、そのための専門家も求められることになるだろう。もちろん、建築の教育も変えていく必要がありそうだ。

プンタ・デラ・ドガーナ
（安藤忠雄設計、2017年）［©安藤忠雄展2017］

afterword

「安藤忠雄展—挑戦—」は、三〇万人を動員し、その後、パリ（ポンピドゥー・センター）、ミラノ、上海、北京と世界を巡回している。その間にも、精力的に作品をつくりつづけているが、「プンタ・デラ・ドガーナ」と同じように、歴史的建築（一八世紀に建てられた穀物取引所）を美術館にした「ブルス・ドゥ・コメルス」（パリ）が二〇二一年にオープンした。これも外観や内観に修復を加えながらも改造を施さず、内部にコンクリートの筒状建築を入れ込んでいる。安藤の造形能力が、建築を使いつづけること、あるいはそこに新たな価値を創造するという成果に見事に結実している感がある。こうしたセンスをどのように受け継いでいけるのか。文化財保護法の改正により、保存修復というよりも使いつづけるという行為の意味が広く認識されるようになることが期待できる。ただ、そうなると、そもそも「文化財」という言葉は考え直した方がよいのかもしれない。歴史的建築は公的資源ではあるが、誰かの「財」ではないはずだ。

第六章

モダニズムを見とどける

建築の造形は、何を根拠としてつくられるのか。近代主義＝モダニズムは、確かにその根拠となり得てきた。しかし二〇〇〇年以降に起こってきたことは、そのモダニズムが相対化されてとらえられ、必ずしも当たり前のものではなくなっていくことである。なぜモダニズムが意味を失っていくのか。そのことも重要なのだが、ここではそれにもかかわらず、モダニズムに裏打ちされたデザインが生き残っていったことについて考える。当然ながら、近代主義＝モダニズムそのものと、そのデザインを切り分けて考える必要があるだろうことはすぐわかる。切り分けられたモダン・デザインは、資本主義のグローバル化・肥大化によって表層的な部分へ囲い込まれていく。一方でそのデザインそのものに対しては再評価も起こる。東日本大震災を経て、モダン・デザインが本質的に持つ構築への意志があらためて問われることになる。そして、コロナ禍を経ることで、その問いはどのように収まっていくのか（収まらないのか）。やはり、いま建築を考えることは、モダニズムを考えることにつながっていくのだ。

01

モダニズムの終焉を告げるのか

二〇〇一年九月二八日付

テレビで繰り返し流された今回の世界貿易センターが破壊される映像は、テロ行為の計りしれない恐怖と理不尽さで世界中を震え上がらせたが、同時に、一つの感慨を感じさせるものでもあった。

ニューヨークのシンボルとなった世界貿易センターを設計したのは、日系二世の建築家ミノル・ヤマサキである。実は、彼が設計した建築が破壊されるのはこれで二度目である。ヤマサキの設計によるセントルイスのプルーイット・アイゴー団地が、一九七二年、ゴーストタウン化したために爆破され撤去されている。一九五五年の建設当時には、集合住宅として近代合理主義の計画理念を見事に実現したものとして世界的な評価を受けたが、そこに暮らす人にとってはその合理的な空間は、無味乾燥で殺伐としたものに映り、しだいに居住者が減ってしまったのだ。

しかし、近代合理主義に基づく整然とした四角い建物の建設はその後も続き、ヤマサキも代表作となる世界貿易センターを完成させるに至る。それも今回無残にも破壊されてしまったのだ。集合住宅と超高層ビル。それは近代合理主義の理念を代表する建築だ。その両方を失ったという意味で、ヤマサキは悲運の建築家ということができるだろう。

ただし、世界貿易センターが完成した七〇年代には、建築の世界ではすでにポストモダンの動きが台頭しようとしていた。合理主義デザインをリードしてきたフィリップ・ジョンソンのような建築家も、八〇年代には一転して歴史的なモチーフを使いだす。モダニズムだけに頼った建築は、批判の対象となった。ポストモダンを定義したチャールズ・ジェンクスは、プルーイット・アイゴー団地の破壊に、近代合理主義建築の「死」を指摘している。

しかし、世界貿易センターには、圧倒的な自信がみなぎっていた。当時世界一を誇る高さ、柱を極力排した機能空間、そして徹底して無機的な壁面。どれも確信にあふれていた。そして、その確信は、そのまま近代合理主義による経済発展で世界をリードしたアメリカの姿と重なって見えるのである。

しかしその経済発展は限界にきているのではないか。そうした認識を決定づける契機となったのは環境問題の広がりであろう。昨年の地球温暖化防止ハーグ会議での態度や

炎上する世界貿易センター(ミノル・ヤマサキ設計、1973年)
[写真:Cha Soi Cheong/AP/アフロ]

京都議定書の不支持宣言でわかるように、アメリカはその環境問題に冷淡である。そこには、あくまで近代合理主義の発展を延命したいという意識がのぞく。そして実際に、IT革命の成功で、経済的な優位を守ってきた。ところが、ついにIT不況に見舞われた。これまでの社会システムに固執できるのかどうかの瀬戸際に立たされたと言えるのではないか。まさにその時に、その社会理念を象徴するような存在が破壊されたのだ。

もちろん言うまでもなく、今回のテロはそうした近代主義への固執に対する反撃という意味は直接的には持たないし、テロリズムをいかに排除できるのかは、世界全体での課題となる。しかし、その惨劇の映像は、確実に何かの終わりを告げるものであったのだと思う。

afterword

これは連載コラムではなく、九・一一の同時多発テロを受けて依頼され書いた文章である。この事件については、なによりも、そのテロリズムと背景について論じられなければならない。しかし、ここでは暴力的に破壊されたその建築とそれが

失われた意味から考えてみた。そこに、建築を築いてきた主義の終焉をみようとしたのだ。その主義＝モダニズムへの批判は、ここにも書いたように一九七〇年代からすでに始まっていた。しかし、そこに現れたポストモダンが一つの表層的なスタイルとして理解され、消費されてしまった後に、いったいモダニズムという主義は、建築においてどのように生き残っていったのだろうか。そして、二〇〇〇年代、二〇一〇年代には、われわれはさまざまなかたちで、この主義を改めて考えさせる場面に出くわすことになる。それは時にはモダンの逆襲であったり、あるいはその無意味化であったりするのだが、それを考えると、この世界貿易センターの破壊、それも寿命や建て替えではなく、暴力による破壊という事件は、確かにこの後のモダニズムの迷走の始まりを象徴するものであったようにも見えてくる。そして、グラウンドゼロに掘られた滝が流れこむプールは、その混迷する姿を象徴しているようにも見える。

02

「表面」が示すもの

二〇〇二年一二月二六日付

スイスのヘルツォーク&ド・ムーロンなどに代表されるだろうか、建築の「表面」にこだわる作品が目立つようになっている。青木淳設計のルイ・ヴィトン表参道ビルなど、今年は、その傾向がさらに顕著なものとなってきているようだ。

建築にはそれを覆う表面が必要だ。しかし、それが時代を映し出す鏡としての特徴を持つようになってきた。その特徴を、南泰裕は「表面」派の教祖とでもいうべきジャン・ヌーヴェルを例にとり、「遠さ」という表現で言い当てた（『建築文化』一二月号）。その表面は、近づき触れる欲望から逃れてしまっている。それは、その建築が「表面と空間」という一般的な対概念を転倒させてしまっているからであり、そこにわれわれの時代を貫く「不在の現前」を見ようとする。つまり、リアルな空間の存在に実感をもてない時代の特異な美意識の露呈を、そこに見ようというわけだ。

もちろん、ものごとの内実を実感できない感覚は、建築家のデザインだけのことではない。今年は今後の都市の風景を大きく変えることになるはずの、都市再生特別措置法（都市再生法）が制定された。これは、都市内部の地域を特定し、各種の規制緩和を認め民間による投資を呼び込もうとするものである。ここで注目したいのは、その事業が「改造」でも「再開発」でもなく、「再生」であることだ。そこには、従来の都市計画が持っていた都市全体のグランドデザインのような発想はない。従来からあるが魅力を失った空間を限定し、そこに人と経済を再びよみがえらせようというのである。だから空間の内実が問われることはなく、もっぱら表層の魅力がテーマになる。

実際、次々と建ち現れる東京の都市再生事業の高層ビル街は、かつての超高層建築群のように新しい都市空間の到来を告げることはしない。それぞれのビルが、存在を競うだけだ。ジャン・ヌーヴェル設計の電通本社ビル（東京・汐留）の魅力的カーブを持った外観も、内部の計画上での新しい提案を表出しているわけではない。しかし、われわれの時代の気分を表すかのようにそのビルは確かに美しいのである。

しかし、そうした表面の美しさによってもたらされる虚無的ともいえる感覚は、逆にモノの存在を実感させる造形の魅力を再認識させることにもなったのではないか。

今年は、歴史的建築に対する強い関心が共有化されたことも指摘することができるだろう。横浜赤レンガ倉庫や、安藤忠雄の手がけた上野の国立国会図書館支部（国際子ども図書館）の改修は大きな話題になったし、F・L・ライトやイームズ、あるいは丹下健三などのような過去のモダニストたちの作品に対する興味、そして急激に盛り上がった廃墟ブームも見逃せない。これらは、いってみれば、内実と強固な対をなす表面を持った建築に対する憧れであり愛着である。その表面の確かな肌触りに人々の関心が集まったともいえるのだろう。

建築の魅力はどこにあるのだろう。建築の表面をめぐるアンビバレントな現象が、われわれに問いかける意味は大きい。

afterword

二〇〇二年を振り返る記事である。都市再生法による特別市区の指定は、この後、東京以外の都市にも急速に広がった。いま、われわれが目にする、大規模な都市再生事業の多くは、この指定地区による事業だと言ってもよい。そこでは、商業空間がリードするかたちで、高層の複合ビルが建ち並ぶ同じような都市景観が生まれつつある。確かに、それにより長い経済不況のなかでも、都市空間に賑わいをつくり出すことが実現した。ただし、それらの複合ビルは、地下やデッキで縦横につながれて、人々は巨大な迷路のような空間に放り込まれることになる。それは、空間体験にとっての一つの魅力にはなるのだが、建物ごとの機能や性格、つまり「内実」は、ほとんど認識されないことになる。差異は、まさに「表面」としてのデザインだけになっているわけだ。そのことは、都市の風景に大きな変容が起こっているのと同時に、都市における建築のつくられ方が根本から変わっていったことを示している。そしてそれは、内実と表面が一つの構造で関係づけられているというモダニズムの前提が、実質的に無意味化される過程でもあったわけだ。

03 モダニズムをどう使うか

二〇〇四年一二月二〇日付

液晶テレビのCMでもおなじみの隈研吾設計の北京の別荘住宅を見てきた。今回のテーマは竹だ。建物のあらゆる場所が竹で埋め尽くされている。しかし、それでも上品なたたずまいとなっているのは、骨格としてあるモダニズムの表現が力を持ちえているからなのだろう。ただ、そのモダニズムの表現力は、北京というこの場所の環境により際立つものになっているようにも思えた。

今年は、オリンピックを控え建築ラッシュが続く北京が、建築の世界でとりわけ注目を集める都市となった。世界の著名な建築家が立て続けに作品を実現しつつある。この隈の別荘も、万里の長城を望む地に、アジアの若手建築家たちの作品を集めるという長城脚下的公社という民間プロジェクトのひとつとしてつくられたものだ。

北京につくられる建築家作品には、さまざまな造形テーマが持ち込まれてはいるが、デザインの基調となっているのはやはりモダニズムである。同じ長城脚下的公社に参加している坂茂の作品は、より明快にモダニズム・デザインの美しさを見せるものだし、山本理顕らが設計した、同じデベロッパーによる住宅団地「建外SOHO」も、見事なまでのストレートなモダニズムの集合住宅である。もちろん、モダニズムと言ってもその表現に揺れ幅はあるが、虚飾を排して、明快で単純な構成で見せようとするモダンなセンスは、いまでも、現代の建築家作品の基調となっているものだ。

しかし、実は北京では、こうしたモダニズム・デザインは例外的なものであり、一般的には、古めかしいデザインが主流である。高層のオフィスビルやホテルでも、四角い建物ではあるものの、その屋根には必ず、戦前の日本に流行した帝冠様式のように伝統的な装飾を載せている。ここでは、未だにモダニズムのデザインが受容されないままだと言ってもよいのだろう。そうした環境では、モダニズムの造形がつくる美しさは、いまでもとても新鮮なものとして受け入れられることになる。隈の作品のたたずまいの上品さ、美しさは、だからこそより際立つものに見えるのだと思う。

　一方で、モダニズムの造形が一般化し、その建築が退屈なものとみなされる場合さえある日本では、はたして建築の新鮮さはどこで実現されようとしているのだろうか。

　今年は、美術館建築が注目される年であったが、そのなかでも、ヴェネチア・ビエンナーレ金獅子賞を受賞した、SANAAの設計による金沢21世紀美術館は、今年を代表する建築作品のひとつであることは間違いない。繊細で透明感の際立つSANAAらしい作品であるが、ここでは、公園のような美術館というコンセプトを掲げて卓抜した空間構成を実現した。つまり、モダニズムの洗練されたデザインだけでなく、というよりもそのデザインが、独創的な空間を導き出しているのである。再来年オープン予定の、青木淳設計による青森県立美術館も注目すべきものである。凸凹の地形にホワイトキューブの展示空間を埋めるという秀逸な空間構成のアイデアが提示されており、完成が楽しみである。

　モダニズムの洗練されたデザインが見慣れたものとなった環境のなかで、それを時代に即したデザインとしてどのように展開していくことができるのか。確かに、現代アートが展示作品になることが多くなった美術館建築においては、従来と異なる展示空間の創造が建築家に求められるようになってきており、そこにこそデザインから発想されるアイデアが求められるようになってきている。まだまだ建築家によるモダニズム・デザインは、展開の余地を残している。

長城脚下的公社「竹屋」(隈研吾設計、2004年)

afterword

二〇〇四年を振り返る記事である。液晶テレビのCMとは、シャープのAQUOSで吉永小百合が出演していたものだ。最近も、隈研吾の作品はCMによく登場する。確かに、彼の作品は強いテーマ性を持ちながらも、ディテールにおいては繊細で徹底してモダンだ。CMの背景には、それが実にふさわしい。SANAAのその後の、国際的な評価と活躍は言うまでもないだろう。金沢21世紀美術館では、その繊細で透明なデザインが、空間構成の大がかりなアイデアまでつくり上げている、という点において人々を驚かした。その後の活躍も、ここでのその空間構成力が評価されてのものだとも言えるだろう。モダニズム建築とは、機能的で合理的な空間構成をそのまま表すことを目指すものだった。ただ、隈やSANAAでは、むしろ単純な機能性や合理主義からどれだけ逃れることができるのか、その試みを、モダニズムの成果としてある上品さや繊細さで実現していると解釈できるのだろう。そのことは、この年以降の彼らの活躍でもさらに確かめることができる。

04

ファッションブランドが生み出すデザイン

二〇〇五年三月二二日付

ヘルツォーク＆ド・ムーロンの「プラダブティック青山店」、隈研吾の「ONE表参道」、SANAAの「ディオール表参道」、伊東豊雄の「トッズ表参道ビル」など、この二、三年、東京・原宿の表参道には、次々と話題の建築物が登場してきている。この現象を、『日経アーキテクチュア』誌は、「さながら建築の〝万博〟会場のようだ」とした。確かにそうかもしれない。単に集まっているだけではなく、そこに登場した建築が、みな時代をリードする質を持ちえているからだ。共通して、建築の表層にテーマを見いだしているが、その答えの出し方にはそれぞれ新鮮なものがある。

ただ、ここで注目しなくてはならないのは、これらの作品のすべてが、ファッション業界のブランドビルであるという事実だ。かつて、建築を変革するきっかけをつくり出したのは、ほとんどが公共建築であった。そこでは、公共性というテーマの下に、デザインの意義や変革が模索された。それが、現在、建築デザインの最も先鋭的な部分が、公共性とは遠い距離にあるファッション業界をクライアントとする仕事に集中することになっている。

資本主義のシステムは、きわめて高度に洗練され強固なものとなった。そして、二〇〇二年から始まった都市再生法により、都市開発をリードするのはもっぱら民間資本になってきている。そのなかで、新しい建築のあり方は、商業空間のつくり方に求められるようになったと理解できるだろう。とりわけ、その最先端としてファッション業界には、新しいデザインアイデアが求められる。実際に、表参道で実践している建築家たちは、それぞれのブランド間の厳しい競争のなかで、しのぎを削るように新しいデザインの可能性を見いだそうとしている。

ただし、建築は否応なく公的な性格を担う宿命がある。どんなに表層のデザインで覆っても、その存在は、広い意味での都市の公共物であることに変わりはない。その宿命を商業ビルのデザインはどのように受け入れることができるのか。その意味で、たいへん興味深い建物が京都に現れた。

歴史的な近代建築を、隈研吾が改修設計を行い商業空間によみがえらせた「古今烏丸」だ。もともとの建物(一九三八年)は、近代的な高層ビルとして京都で最初に建設されたという歴史的価値を持つ。隈は、その改修において、ブランドビルで培ったデザインをあえて採用した。歴史的な建物の前面に、表層的なガラスの壁を置いてしまったのだ。その壁には唐紙の老舗の文様が描かれたガラスがはめられ、建物のシンボルとなっている。確かに、その後ろの肝心の歴史建築は、さまざまな機能改修を加えながらも、多くの部分が残された。しかし、これは歴史建築の保存再生の手法として考えると画期的である。これまでは、歴史建築の外観の保存が絶対であり、それを隠すような表層の部分を加えるというのはありえない方法だったからだ。

実際に、この改修はにぎわいをつくり出すことに成功した。古い建物のイメージは一新され、見事な洗練された商業空間としてよみがえった。しかし京都では、このデザインをめぐって、賛否両論がある。はたして、これが古い建物を保存したことになるのかどうかという疑問の声もある。商業空間の洗練が要請するデザインと、公共性の価値を維持することがどのように両立できるのか。その点で、これがどう評価されていくかを見極めることは、きわめて重要なこととなるはずだ。

古今烏丸(改修設計:隈研吾、2005年)

この後、しだいにファンション業界は勢いがなくなっていく。ユニクロなどのファストファッションが主流となり、ファッションは「生活用品」になったとさえ言われるようになる。もちろん、それでも商業空間が、都市開発事業をリードしていくという構図はそのまま続いていったが、建築家の、とりわけ先鋭化されたアイデアが特に求められるという場面は少なくなっていった。ただ、短い期間だったかもしれないが、ファッションブランドでの、まさに博覧会的なデザイン競争は、建築家たちのよい意味での習作の場になったことも事実であろう。しかし、そこで得られたものは何であったのか。その後の東日本大震災やコロナ禍を経て、そのことを改めて考える必要がありそうだ。ちなみに、「古今烏丸」は、コロナ禍の二〇二一年に、再び隈研吾による改修が行われている。そこでは、前面に設けた壁の一部に穴を開けて、木パネルを組み合わせた仕掛けを施した。確かに、「開くこと」が、コロナ禍で得た課題であり、またそれは、商業デザインという枠のなかで公共性を担保するための仕掛けにもなりえるのであろう。

05 丹下の死はモダニズムの終焉か

二〇〇五年六月二二日付

日本の建築界をリードした建築家・丹下健三が亡くなって三か月がたった。多くの建築家・建築史家が彼の功績をたたえた。大方の評価は、圧倒的な構想力で、モダニズムの造形をル・コルビュジエさえなしえなかった高みにまで到達させたということであった。建築史家の鈴木博之は、丹下健三こそが、近代日本で唯一の前衛であったと言い切った。

ただ、一九七〇年代以降の丹下の作品についての評価をめぐっては幅がある。七〇年の大阪万博以降、張りつめたような緊張感が生み出すモダニズムの美しさが、丹下の作品から失われたままであったのではないのかという指摘もある。伊東豊雄は、そのことを捉えて、丹下を「不在の建築家」と表現した。

もちろん、七〇年代以降にも、アラブ諸国やアジアを中心に数多くの都市デザインを手がけ、まさに「世界のタンゲ」として活躍したことは事実だ。しかし、確かに、あの世界を驚愕させた東京オリンピックプールに匹敵するような美しさは、その後の彼の建築作品では実現されたとは言いがたい。丹下の評伝を大著『丹下健三』(新建築社、二〇〇二年)としてまとめた藤森照信は、その背景に、彼のモダニストとしての造形力が「生産」を前提としたものであったことを挙げた。大阪万博以降の「消費」の世界に、彼の造形力は行き場を失ったのだ。

しかし、そうした展開は、実は丹下一人のものではない。戦後の京都を中心に活躍した富家《とみいえ》宏泰という建築家がいるが、その仕事を追っていくと同様の変節を見いだすことができる。富家は、丹下より少し下の一九一九年生まれで、京都府知事・蜷川虎三に見込まれ、公共建築を中心に膨大な数の設計を手がけてきた建築家だ。興味もあり、ご本人への聞き取りも行い、その事跡を調べてみたのだが、作品の系譜は途中で大きく変化していた。

丹下のような天才的な構想力はないが、五〇年代後半から始まる初期の作品には、上質で生真面目なモダニズムの美しさが実現されている。ところが、途中から突然、造形がおおらかな表現に変わり、モダニズムの緊張感が生み出す美しさが失われてしまう。それに代わり、やはり七〇年代からだが、彼は建築家の職能を正しく行政に認めさせる運動に没頭するようになる。日本建築設計監理協会連合会（のちに日本建築家協会と合併）を組織し、建設省とわたりあい、役人にも建築業界人にも「コワモテ」とされる存在となる。建築「作家」から建築「活動家」への転進を遂げたかのようだった。

京都第二赤十字病院（富家宏泰、1959年、現存）
［出典：『富家建築事務所作品集』富家建築事務所、1973年］

ちょうどその転進は、七〇年代以降、丹下が海外の都市デザインへと転進したことと重なって見える。つまり、「生産」を根拠にした造形が意味を見失うことで、丹下は新しいモダニズムの行き場を海外の都市デザインに求め、一方で富家は、それを政治的活動に見いだそうとしたのではないか。実際、丹下が都市デザインで常に持ち込んだ強力な軸線構造は、まさにモダニズム理念のストレートな実践だろうし、富家の建築家職能に対する明快な主張は、近代合理主義を徹底することで古くからの体質を変革しようとするものであった。

建築家といっても、その活躍したフィールドはまったく異なる二人だが、ともに、生涯をかけて近代主義＝モダニズムを貫徹しようとしたことは同じだったのではないか。しかし、現在、社会システムは高度に組織化され洗練されてしまった。もはやそこに建築家が入り込むような余地はほとんど残されていないように見える。そう考えるとき、丹下健三の死は、確かにモダニズムの終焉を意味すると改めて思うのだ。

afterword

この記事では丹下健三だけではなく、同じようにモダニストとして貫いた建築家を挙げることで、造形の根拠としてのモダニズムから、社会理念としてのモダニズムへと、モダニズムの意味合いの変質を指摘しようとした。紹介した富家宏泰も、この二年後、二〇〇七年に亡くなった。この二人の世代のモダニストに共通するのは、近代主義＝モダニズムこそが正当なものであり、さらに言えば「正義」であるとする確信であろう。それは、富家における政治活動に、ことさら感じさせられることである。しかしその正義は、発展途上国には、あるいは古い体質から脱却できない組織には、確かに必要なものであったのだ。ただ、今のわれわれから見ると、そのモダニズムの主張は乱暴なもののように見えてしまう部分もある。であるならば、正当性を失った状態でのモダニズムの造形とは、何を根拠にするものなのか。その「不在」にこそ向き合う必要があるのだろう。

06

建築家の誠実さとは

二〇〇六年三月二二日付

東京ステーションギャラリーで開催されていた前川國男展が、大盛況のうちに閉幕した。一昨年の吉阪隆正展あたりから、モダニズム建築家は一つのブームとなっている。書店には特設コーナーなども設けられているほどだ。回顧的な興味だけではない。若い人々の間にも、その魅力が広く語られようとしている。

では、彼らの何が評価されているのか。その本質は、宮内嘉久の指摘などにうかがえる建築家の「誠実さ」にあるように思われる。耐震偽装事件などもあり、人や社会に対して、丁寧に誠実に取り組んだ建築家の行動や生き様が、改めて新鮮な魅力として評価されているのだと思う。

しかし、この「誠実さ」は何に対するものであったのか。それは端的に言って、近代合理主義＝モダニズムの社会の成立に向かってのものであったと言えるだろう。戦後の混乱のなかから、建築家は確固たる社会基盤を確立することを目指した。確かに、作家としての自由な表現のように見える造形も生み出してはいるが、その根拠は常に社会的な課題意識に基づいていた。表現の根拠が保証されていたと言ってもよいだろう。だから、モダニズムの建築家の仕事が魅力的に見えるのだ。

ところが、近代社会のシステムが確立され、さらにはそれが行き詰まってしまうと、その表現の根拠を見いだすことは難しくなる。この根拠の不在という状況に対して、自ずから出現してきたのが、存在を消し去ろうとする表現だったと言えるのだろう。軽さや透明感の表現が提示されたが、それは成熟し動かすことが難しくなった社会のなかでは、確かに美しいものに映った。ただし、その美しさの根拠は社会との参照関係のなかに見いだされるものだ。旧世代のモダニストたちが社会に問いかけようとするのとは異なり、すでに完成されている社会的状況をよく学習し受容することが求められた。そこにも、「誠実さ」を見いだすことができるのだろうが、その「誠実さ」は魅力にはなりにくい。

ところで、今年に入って、建築界にはもう一つ大きなニュースがあった。伊東豊雄が米プリツカー賞などに並ぶ王立英国建築家協会ロイヤルゴールドメダルを授賞したことである。日本人では、丹下健三、磯崎新、安藤忠雄に次いでの受賞だ。考えてみると、伊東こそ、軽さや透明感という表現をリードした建築家である。ところが、いま伊東豊雄の建築は大きく変わろうとしている。

彼の建築家としての評価を決定的にしたのは、せんだいメディアテーク(二〇〇〇年)であろう。この建物の設計も、もともとはとらえどころのない海草のような柱が自由な空間を支えるというものであったが、実際に建設された柱は、圧倒的な存在感を持つチューブの構築物となっていた。しかし伊東は、そこにこそ、自分の変わるべき方向性を見いだしたのではないか。建築の造形において、あえて強いシンボルのようなものを求めるべきではないのかと。

その後、トッズ表参道ビル、まつもと市民芸術館(ともに二〇〇四年)など、それまでの透明感に代わり、構造の存在感を際立たせた作品をつくりつづけ、周囲を驚かせている。伊東は、それまでの軽さや透明感は、なんらかの制約、足かせによる表現だったと述懐する。つまり、社会の制度やシステムを一方的に受容しようとする態度が、軽さや透明感につながっていたのであり、だとすれば、建築はもっと自由なものとして提示することで存在感を回復できるのではないかと。ただしそれは単なる表現主義とは異なるのだろう。制度やシステムの受容ではなく、それらを相対化する仕掛けとして提示しようとしているのではないか。

自由であるように思えて、実は大きな制度やシステムにより閉塞された今の状況において、建築家の「誠実さ」を問うことは、実は難しい。

TOD'S表参道ビル
(伊東豊雄設計、2006年)

afterword

この連載コラムでは、伊東豊雄は何度も登場することになった。それはこの連載の二〇年の間に、ちょうど伊東の表現が大きく変わる時期であったからなのではないか。というよりも、その変化の揺れ幅が大きかったということなのかもしれない。二〇〇一年にはクライン・ダイサム・アーキテクツの神出鬼没なデザイン活動を伊東が評価したことを取り上げたが、この時点では、構築する意思からは離れようとする態度が見てとれた。その後、せんだいメディアテークの経験を経て、東日本大震災へと至る。そこでの伊東の「みんなの家」について、「ナイーブなデザインをリアルな実態に開こうとする模索」とし、さらには建築作品としての記念性を逃れようとする意思すら読みとることができることを指摘した。確かに、ここで繊細さや透明性からは明確に離れることになったのだが、その後の「台中メトロポリタンオペラハウス」(二〇一六年)で見せるモノとしての圧倒的な存在感からは、彼の社会における建築のあり方の解釈がさらに変わったのではないかと考えざるを得ない。この記事で言っている「誠実さ」とは、伊東の場合には、社会の変容のなかで、どのような建築が求められるのか、その答えを見つけようとする態度における「誠実さ」なのだと言うことができるのだろう。

07

祖型を目指す

東京で二人の建築家の展覧会が人気を集めている。一人はル・コルビュジエである。ル・コルビュジエをめぐっては、これまでにも数多くの展覧会が開催されてきた。モダニズム建築を主導したル・コルビュジエは、近代主義への信頼が揺らぐなかでも批判の対象とはならず、神話化とも言ってよいぐらいに評価されつづけてきた。森美術館による今回の展覧会で興味深いのは、そうしたモダニズム建築の主導者とは別の側面に光を当てようとしている点だ。生涯を通じて描きつづけた絵画作品など、ル・コルビュジエの多面的な側面をうかがわせる展示が工夫されている。

実際に、彼の建築作品をよく見るとモダニズムの理念だけでは説明できない何ものかがある。とりわけ、ロンシャンの礼拝堂に代表される晩年の宗教建築では、モダニズムの抽象的表現の対極とも言える、物的な存在感が顕わになった表現にたどり着いていて興味深い。彼自身、それを「説明しがたい空間」と表現したが、そこには、建築の原初的な「祖型」にたどり着こうとする意志を見てとることができるだろう。

昨年の秋、ル・コルビュジエが最晩年に設計したが工事途中で放置されていたフィルミニの教会(フランス)が紆余曲折があったものの、ようやく完成した。ロンシャンの礼拝堂と同様に彫塑的な独特の姿である。大成建設ギャルリー・タイセイでは、その完成に至るまでの詳細を、ル・コルビュジエの研究者として知られる千代章一郎の監修・構成で展示している。それを見ると、この教会設計の当初案が、実施案よりさらに単純で素朴な形式で構想されていたことがわかって興味深い。

実は、もう一人の建築家の展覧会は、まさに建築の「祖型」こそがテーマになっていたと言ってよい。東京オペラシティアートギャラリーで開催されている藤森照信のヴェネチア・

二〇〇七年六月二八日付

ビエンナーレ建築展帰国展である。モダニズムを最初からスルーしてしまったような藤森の独特な作品群の紹介が中心なのだが、会場の中央にはヴェネチアにはなかった、巨大な「土塔」が展示され、異様な雰囲気をつくり出している。それを藤森は、建築のまさに原初的なものとしてとらえているのだ。彼が影響を受けたという建築も紹介してあるが、いずれもヴァナキュラーな、まさに建築の「祖型」としてとらえられるものばかりである。

フィルミニの教会
（サン・ピエール教会、ル・コルビュジエ設計、2006年完成）
［撮影：千代章一郎］

建築の「祖型」を目指す。これは、建築家の一つの本質を示すのだろう。ル・コルビュジエと藤森照信は、その点において共に傑出した存在なのだと思う。ただし、ル・コルビュジエは、近代主義がまさに立ち上がろうとする「始め」の時代に、モダニズムの原初的基盤になるべきものとしてそれを希求した。それに対して、藤森は近代主義の「終わり」の時代に、モダニズムから逃れる先にそれを希求している。

ル・コルビュジエが「輝く都市」として描いた都市の未来像のなかには、機能主義による無機質さとは別に、何らかの風景の美しさが表現されていた。一方、藤森は、地球温暖化によって水没した東京のその後の姿を「自然に生えてきた」土塔とともにある「東京計画二一〇七」として大きな模型を展示した。確かに、そこにも、近代という時代のなれの果てとしての風景美が表現されているのだ。

afterword

われわれは、モノや空間を客観的に理解し、それを管理しようとする。近代合理主義とはそれを目指すものだ。しかし、時々、そうした理解が叶わないモノや造形に出くわす。もちろんそれが、客観的に不用であったり有害であったりすれば別だが、単に理解を超えるものというのもあって、その場合、その存在感は圧倒的になる。藤森がつくった「土塔」は、まさにそういうものだった。この連載では藤森の作品として「ラコリーナ近江八幡」(二〇一四～一六年)なども紹介したが、それらも不思議な存在感で迫ってくる。「祖型」というのは、そういうものなのであろう。モダニズムのデザインが、社会に上手に収まるものを目指すとするならば、「祖型」は、そこに収まらない造形ということだろう。しかし、これだけ社会システムが網羅的で強固なものとなってしまっている世界だからこそ、その「祖型」には限りない魅力が備わることになる。本来ならば排除されるかもしれないのに、圧倒的な存在感を持つ。それは、確実に社会を相対化してみせる批評性を持ち得ていると思うのだ。

08

アートのはかなさとリアルの挑戦

二〇〇八年九月二五日付

最近、日本人の建築家の海外での活躍が話題だ。雑誌『カーサブルータス』の美術館特集（七月号）では、世界中で進行中の主要なミュージアムの多くを日本人が手がけていることが紹介されている。先日トリノで開催されたＵＩＡ（国際建築家連合）大会でも日本の建築作品が注目され、最終日のゲスト講演者には藤森照信が登場した。

ただし、こうした活躍の中心となっているのは、現代アートとの接近であると言えそうだ。美術館だけではない。世界中で開催される現代美術の国際イベントでも日本人の建築家が積極的に関わるようになった。「横浜トリエンナーレ二〇〇八」でも、西沢立衛や平田晃久が参加している。

さらに、建築自身がアート作品に近づく傾向も強い。現在開催されているヴェネチア・ビエンナーレ建築展の日本館（コミッショナー・五十嵐太郎）に、その作品が建築の枠組みを超えてアート作品に限りなく近づく石上純也が抜擢されたことなどがその代表的な事例だろう。

さて一方で国内のリアルな建築界は深刻な閉塞状態である。不動産への投資環境が急速に悪化し、さらに昨年の改正で厳格化された建築基準法が「建基法不況」とまで言われる状況をつくり出してしまっている。それは、海外での建築家の活躍が目立つほど、その分だけ相反した閉塞状況にも見えてしまう。

確かに、現代アートをめぐる世界では、建築家の独創性が求められている。作品としての建築が成立できる可能性が残されている。しかし、すでにビルディングタイプが確立されてしまった一般の建築においては、建築家のデザインがそこに介在することは難しくなっている。建築不況とされる状況では、それはなおさらだ。ただ、華やかな活躍には見えにくいものの、固定化されてしまったスタイルをじわじわと変えようとする試みも見えはじめている。

たとえば、最もビルディングタイプが強固なものとなっていると思われるオフィスビルにおいて、その外装の質を変えてしまおうとする試みがある。高松伸が手がけた名古屋市の丸美産業本社社屋では、ガラスの壁面の下に木材の構成を大胆に表現している。もっとすごいのは、河井敏明が京都で挑んだ四条木製ビル（第一五長谷ビル）で、木の外壁をそのまま露出させ、柔らかい質感をオフィスビルに与えている。京都市では、新景観政策のもとで外観を伝統的な形式にすることが強く指導され、そのために建築不況はさらに深刻であると言われる。しかし、この作品はその政策を逆手にとって、新たなオフィスビルの質感に挑もうとしているのだ。

木造外壁の第15長谷ビル
（河井敏明設計、2008年）

一九九八年の建築基準法の改正により性能規定、つまり求められる性能さえ満たすなら、自由に材料や構造が使えることになったが、その性能に認めさせるためのハードルは高く、新しい建築表現に挑戦するような試みはまだ限られたものでしかない。しかし、ここでのビル外壁の木造化など、少しずつだがそのハードルを突破しようとする建築家による挑戦も登場しつつある。それがどのような新しい風景をつくっていけるのか、そのことにも注目していくべきなのだろう。

afterword

現代アートが扱うテーマは際限なく拡散し、いまや混沌のなかにあると言えるのだろう。だから、その表現はとてもはかない、エフェメラルなものになる。そもそも、建築がアート作品として成立させようとする道筋をつくったのは、かつての磯崎新であると考えられる。建築を社会的文脈から切り離し、自律的な存在として捉えようとした。ただ、アートへの接近は、この時期を経て転機を迎えたと言ってよいのかもしれない。この後に海外、とりわけ欧州における日本人建築家の活躍では、より建築としての実体的な存在感が評価されるようになっていく。坂茂、安藤忠雄、SANAA、隈研吾などが、さまざまな文化施設を次々と手がけるようになっていったが、それは、フォルマリズム的な造形の挑戦も残しつつも、あきらかに社会との接続のなかに作品を成立させようとする姿を見いだすことができる。しかし一方で国内では、いわゆる平成不況から深刻な建築不況の状況は、この後しばらく続いた。その後、東日本大震災からの復旧・復興需要に、東京オリンピック・パラリンピック関連需要も加わり、コロナ禍までは建設投資はようやく回復していくことになる。そのなかで、ここで紹介したような木材の利用は、単なる付加的な要素としてではなく、構造まで含んだ本格的な取り組みとして進んでいった。厚板パネルを使った新しいビル工法が開発され、コンクリートに代わるものとしての木造が現れるようになった。いずれにしても、このころ、ささやかな規模で胚胎した試みが、二〇一〇年代以降になり急速に大がかりな仕掛けとして存在感を持つようになったということなのだろう。

09

辺境からの逆襲

二〇一〇年一二月二三日付

小さいながらも常に建築・デザイン界をリードする企画展示を続けてきた東京の「ギャラリー・間」が、創設二五周年を機に名称を「TOTOギャラリー・間」に改め、再スタートを切った。運営委員も一新され、建築からは安藤忠雄を特別顧問とし、岸和郎、内藤廣が加わった。現在、その最初の記念展覧会「GLOBAL ENDS towards the beginning」が、建築史家のケン・タダシ・オオシマ氏をキュレーターとして迎え開催されている。

この展覧会は「世界の果て(GLOBALENDS)」から見渡し、巨匠ではないが、地域や風土に根ざした設計で知られる七組の建築家の作品を紹介したものだ。彼らの活躍の舞台は、アジアや南米などで、さらに都市部から離れた場所が多い。しかし「世界の果て」としてあるのは、単に地政学的な意味だけではないことに気づく。

共通しているのは、二〇世紀の初頭から延々とつくりつづけられてきたモダニズムのスタイルを、否定もせず、改変もせず、徹底して洗練させていることである。その洗練の「果て」が、モダニズムに嫌気がさしたように思い込まされているわれわれに、建築の本質を問いかけるのである。

たとえば、東南アジアを拠点にするケリー・ヒルの作品は、アジアのコンテクストを見事にモダニズム・デザインに落とし込んでいる。シアトルをベースとするトム・クンディグの作品では、モダニズムのセンスにより敷地と建築の共存関係が美しく構築されている。スペインのRCRアランダ・ピジエム・ヴィラルタ・アーキテクツは、風土の表情をモダニズムの手法で解釈し、それをアート作品にまで昇華させている。

モダニズム＝近代主義とは、本質的に地域や場所からその固有性を奪いさることであった。そのことで、世界を合理的に制御できると信じられてきた。そして、同じような表情を持った四角いビルディングが、世界中に波及した。

ところが、同時多発テロや近年のリーマン・ショック以降、近代主義を支えてきたエンジンとしての資本主義が揺らぎつつある。造形だけでなく、社会のあらゆる価値が平板化することになるグローバル資本主義は、その矛盾が強く意識されるようになった。しかし、そこに至り、造形のモダニズムは逆に息を吹き返すのかもしれない。実は当初から、モダニズムを標榜する建築家たちは、場所の固有性に意味を与えようと企ててきた。場所の表情を根こそぎ消してしまっては、無味乾燥な空間しか生まれない。建築家は、常に建築が生まれる環境との関係を築こうとしてきた。だから、そこに美しさが生まれたのだ。

そうした企てが、かたちを変えて、われわれの前に現れようとしている。そしてそれは、モダニズムのエンジンの中核としてある先進国の都市ではなく、世界の、そして表現の「果て」の側から波となって押し寄せてきているように見えるのである。

afterword

前身の「ギャラリー・間」からそうだが、「TOTOギャラリー・間」は日本人若手建築家の登竜門であり、同時に、大御所についても新しい切り口で見せる意欲的な企画で知られるギャラリーだ。しかし、年に一度は、まだ日本では知られていないような海外の作家やグループを紹介する企画展も続けていて、それが毎回刺激的なものになっている。この「GLOBALENDS」以降は、モダニズムの先にあるもの、というようなテーマも見えてくる。ノルウェーのTYINテーネステュエ・アーキテクツ、チリのスミルハン・ラディック、台湾のフィールドオフィス・アーキテクツなどが紹介されたが、共通しているのはその活動のすべてが特定の都市や場所に依拠したものとなっていることだ。しかも、それは従来の単なるコンテクスチュアリズムではない。二〇一二年に紹介されたインドのスタジオ・ムンバイの活動などに最もよく表れているが、場所や敷地、さらにはそこでの生活に至るまで丹念にリサーチを行い、その上で、建築家という職能の枠にとらわれず、現地のさまざまな技術者や技能と共同するかたちでプロジェクトを進めるのである。ここまできてしまうと、そこに表れる形に、モダニズムのセンスがようやく消えていくように見える。しかし、そうなると「建築家」の再定義も必要になってきそうなのだが。

10 つくらない建築家

二〇一二年六月二八日付

建築家の伊東豊雄が、東日本大震災で仙台市の仮設住宅地につくった集会施設「みんなの家」は、多くの人を驚かせた。繊細さや透明性という、建築の新しいあり方をリードしてきた伊東が、伝統的な勾配屋根や縁側をつくったからだ。伊東は、近代以降に建築が建築家個人の「作品」になった状況を乗り越え、社会とのかかわりに設計の根拠を見いだしたいとしている。

社会との関係から空間を捉えようとするこうした態度は、震災後急速に広がりつつある。たとえば『コミュニティデザイン』を著した山崎亮は、住民主体の地域計画が、モノをつくらないデザインの仕事として成立することを示し注目を集めている。さらに坂口恭平は、つくらない建築家として一躍時代の寵児となりつつある。路上生活者の住居を集めた写真集の出版から始まり、「建てない建築家」としてさまざまな活動に取り組み、その姿は映画にもなった。坂口の活動は、分厚く強固な今の社会システムへの、素朴な疑問からスタートしている。社会へのかかわり方ではなく、その変え方をデザインしようとしているとも言えるだろう。

こうした発想は、早稲田の伝統なのかもしれない。坂口は、早稲田大学の石山修武ゼミ出身だが、石山も、セルフビルドや地方都市のまちづくりにかかわる建築家であり、さらには戦前、社会の世相を記録する「考現学」を提唱した今和次郎がいた。

ただし、今和次郎の活動は、関東大震災の後に建築家の批判を浴びていた。彼は、「バラック装飾社」なるものを立ち上げ、震災後のバラックにペンキで絵を描いたり装飾をつけたりしたのだが、それを建築家たちは建築がなすべき行為ではないと批判した。そもそも建築家には、仮設のバラックという存在自体、認めてはいけないものであった。

反原発のうねりなどにも見られるように、現在、硬直化した社会システムを変えていく機運が確実に強まっている。確かに、現状、社会と建築の間には距離がある。しかし少し遡ってみると、その距離を生んでいる制度的枠組みのなかでも、人々の生活を見事に建築として結実させた例がないわけではない。社会と建築の距離を相対化して理解するためにも、そうした例から学ぶことも多いはずだ。

いま、愛媛大学ミュージアムで開催されている「子どもが生きる空間——日土小学校と松村正恒」展（七月二九日まで）では、八幡浜市役所職員であった松村正恒という建築技師が設計した小学校についての展示が行われている。一九五六年に建てられたその校舎は、見事なモダンデザインでまとめられているが、「作品」としての気負いを感じさせるものは微塵もなく、そのことが奇跡のように美しい空間を実現している。粘り強い地域の保存運動の末に保存されることになった。ここでは、モノをデザインする行為、そしてそれを守ろうとする行為が、着実に社会と空間の関係から生まれていることを確認することができる。

山崎亮の『コミュニティデザイン』は、建築や都市計画だけでなく多方面に大きな影響力を持つものになった。ただ、そもそもモノのデザイン以外の分野にデザインという方法を応用するという発想は、すでに一九七〇年代の米国などで見られたものであり、AI系の技術開発も、そうしたデザイン・シンキングという考え方から実現したとされている。私が勤めていた京都工芸繊維大学でも、二〇一九年からデザイン系と工学系が共同して「デザイン主導工学プログラム」というものを稼働させた。デザイン・シンキングで重要なことは、デザインするという行為が、常に社会との関係のなかで試行錯誤を繰り返すものであることだ。建築に引きつけて考えれば、まさに伊東豊雄が指摘したような、社会状況に設計の根拠を置くということになるのだろう。確かに、建築設計をそのようにとらえようとする認識は確実に広がりつつある。そして、そのことにより、建築の形も大きく変容することになっていくのだろう。しかし、日土小学校の、場所や生活に素朴で正直な姿が美しさとして昇華しているようすを見ると、モダニズムのセンスも、まだまだ現役で使えるものなのではないかとも思えてくる。

11

縮退を見据えた建築の再定義

二〇一二年九月二七日付

先日、ヴェネチア・ビエンナーレ建築展で、日本館の展示が国別参加部門で最高賞の金獅子賞を受賞した。内容は、建築家・伊東豊雄がコミッショナーとなり、若手建築家の乾久美子、藤本壮介、平田晃久などが加わり設計した東日本大震災復興のための集会所のドキュメントである。建築の新たな可能性を示したとして高く評価された。

しかし、そうした可能性を模索したのは日本館だけではなかった。ビエンナーレ全体のテーマが、前回のアート色の強いものではなく、建築と社会とのリアルな関わり方を問うものとなっている。そのこともあり日本館の提案がとりわけ評価を集めたのであろう。

一方、わが国の建築学をリードする日本建築学会の大会が、九月一二日から名古屋大学で三日間開催されたが、ここでも建築の社会的な再定義が主要なテーマになっていたようだ。

毎年一回開催されるこの大会では、研究発表とは別にシンポジウム形式の会合が、さまざまな分野で多数開催されるが、震災から一年半経過し、災害への技術的対応や復興に直接関わるテーマだけでなく、その先に見えてくる新しい社会のあり方に建築がどのように向き合うかを問う内容が多かった。そして注目したいのは、その来るべき社会の想定が、必ずしも「発展」するものとしてとらえられていないことである。建築計画学の若手研究者のパネルディスカッションでは、それを端的に「縮退化社会」としてとらえ、そのパブリックデザインのあり方が議論された。

震災でも戦災でも、過去の復興計画とは、常に復興後の「発展」を見据えたものでなければならなかった。しかし、今回は違うのである。縮退する社会に見合う建築やデザインを考えることが求められている。それは、災害を被ったわれわれだけではなく、先進国に共通のテーマになりつつあるのだ。だからこそ、建築には過去との対話が求められるようになるのである。縮退しても残していくのは、歴史的環境しかないのだから。建築学会の会合でも、ストックや遺産として建築を考えるものが目立った。

　写真は、熊本県山鹿市で復元された木造の温泉施設（さくら湯）である。もともとは、藩主の休憩・宿泊施設として設置されたものが、明治期にしだいに規模を拡大し、道後温泉の棟梁を招いて巨大な公共温泉施設となった。市民に親しまれ、市のシンボルのような存在だったが、戦後の中心部の再開発計画により一九七三年に解体され、そこに再開発ビルが建設された。しかし、そのビルの老朽化が進んだこともあり、市が温泉再生事業に取り組み、二〇一二年に、再開発ビルの一部を撤去して、もとのままの施設がよみがえったのである。外観、内観ともに見事な復元となっている。

再開発ビルの一部を撤去した跡地に復元された「さくら湯」
［提供：山鹿市山鹿温泉さくら湯］

　いま、高度成長期に地方都市中心部に建てられた大規模再開発ビルは、いずれも空洞化が急速に進み、その対処が大きな課題になっている。そこで求められる、いわば縮退のデザインとも呼べる手法には、こうした歴史を見据えた新しい建築の役割が見いだされなくてはならないのである。

afterword

拡大・成長を目指すのではなく、むしろ縮退しながら街を活性化させていくという考え方は、広く一般化してきた。ダウンサイジングや、「身の丈」の再開発などの言葉もよく使われるようになってきた。そこで必要となるのが、その縮退をどのようなストーリーで描くか、その計画である。そして当然ながら、そのストーリーには、その街の歴史的環境の理解が前提となる。紹介した山鹿市の温泉施設は、同市が策定した歴史的風致維持向上計画のなかでの取り組みである。これは、国の「歴史まちづくり法」で認定され支援を受けることができるようになった計画だ。二〇〇八年から施行が始まった同法は、市町村の歴史的環境の維持を支援するもので、二〇二一年の段階で八六の市町村の計画が認定されている。その計画にストーリーが示されることで、拡大や発展とは異なる空間の改変の設計が具体的に立案できることになる。その意味で、この法律が、ダウンサイジングのまちづくりに果たす役割は大きい。そして、こうした支援制度が進んでいくことで、建築家における設計の与件も、その建築だけに限定されたものではなく、都市全体のストーリーのなかに見いだされるものも取り込むことが必要になっていく。建築設計のあり方が大きく変わりつつあるのだ。

12

極北のモダンデザイン

二〇一五年三月二六日付

建築家の谷口吉生が手がけた京都国立博物館の新館「平成知新館」が昨年九月にオープンした。煉瓦造の旧館「明治古都館」(重要文化財・片山東熊設計、一八八五年)との軸線を交差させて見せる巧みさから、大型の超高透過ガラスを用いた展示ケースの設計まで、きわめて完成度の高い美しい空間が実現している。

昨年一一月、この京都国立博物館も含め、豊田市美術館(愛知県、一九九五年)、土門拳記念館(山形県、一九八三年)など谷口が設計した国内の美術館や博物館・記念館九施設が、各館の魅力をさらに発信していくため「建築交流ネットワーク協定」を結んだ。谷口が増築を手がけたニューヨーク近代美術館も協力するという。

確かに谷口のつくり出す展示空間は、いまや美術館・博物館施設には欠かせない存在になったと言えるだろう。しかしそれは、磯崎新の奈義町現代美術館(岡山県、一九九四年)以降登場する、SANAAの金沢21世紀美術館(二〇〇四年)、安藤忠雄の地中美術館(香川県、二〇〇四年)などに見られる、現代アートの展示作品と建築が相互に融合し一体化しようとする、最近の美術館空間の傾向とはまったく別のものである。

谷口が美術館・博物館で実現する空間は、展示品そのものには介在しようとはしない。あくまで、その展示品をいかに際立たせ、そして時には美しく見せるか、そのことに徹底している。それは作品展示の具体的な方法にも、さらには完成後の空間の管理にもおよんでいる。「平成知新館」では完成後、館内のスタッフ向けに、許可なく館内にモノを置いてはいけないという表示さえあったが、それは設計者側からの指示であった。そうまでするからこそ、来館者を魅了する空間が実現される。

しかし時にしてそれは、学芸員などから見ると、展示空間に自分たちが関われないもどかしさとして感じられることもあるだろう。とりわけ、「平成知新館」の場合には建物の発注者が博物館ではない（国土交通省近畿地方整備局）ために、展示品に最も詳しいスタッフが設計に直接関与しにくいという制度的な困難さもあったようだ。

　谷口建築の本質は、そうして外部からの介在が許されない状況で実現される純化したモダニズムの、張り詰めた美しさである。本来前衛として始まったモダニズムは、社会的にエスタブリッシュ（公認）されるにしたがい洗練を続け、谷口においてその極北に達したと言えるのだろう。

京都国立博物館「平成知新館」（谷口吉生設計、2014年）
「明治古都館」を望む

　そこには、モダニズムが当初持ち得ていたアヴァンギャルドとしての粗削りさは姿を消し、きわめて静謐で美しい空間が実現される。作品世界と積極的に関わろうと常に模索し変容を遂げる美術館建築のあり方が注目を集めるなかで、谷口がつくり出す空間は、その対極としての展示空間のあり方を提示しつづけるのである。

afterword

モダニズム＝近代主義のデザインとは、世界の合理化を体現したものである、というテーゼは、谷口作品を見ると揺らいでくる。単に合理的で機能的であるのではなく、そのことにより研ぎ澄まされた圧倒的な美しさが実現されている。もともとモダニズム建築は、その美を胚胎していたはずだが、それを奇跡のように維持し、さらに洗練させたのが谷口のモダニズムであると言えるだろう。もちろん、住宅や家具などに見られる生活のなかに根を下ろすモダニズム・デザインの美しさというのもあるのだが、谷口の美しさは、それとは別物に見える。だからと言って、安藤忠雄のような荒々しさがあるわけではない。あくまで繊細だ。谷口吉生の仕事として、その後注目を集めたものとして、二〇一九年のThe Okura Tokyoのデザインがある。ホテルオークラ東京で父・谷口吉郎が手がけた意匠を引き継ぎながら、見事なロビー空間をつくってみせた。谷口吉郎の和風モダンと谷口吉生のミニマルなモダンデザインは、もちろん異質なものである。しかし、同じ年に完成した「谷口吉郎・吉生記念 金沢建築館」でも、谷口吉生は、原寸大で再現された父親の和の意匠を、自分の研ぎ澄ましたデザインのなかに巧みにはめ込んでみせた。この親子の共作のようにも見えるモダンの共演は、モダニズム・デザインが持つ美が、この国でしっかりと根づいてきた理由を教えてくれる。

13

近代主義の終焉とデザイン

二〇一五年一二月二四日付

建築のデザインが広く社会的な議論にまでなったという点で、今年の国立競技場をめぐる騒動は注目すべきものであった。ただし、そこで見られたのは、建築設計の課題が狭い範囲に限定されていく過程であったと言えるだろう。もっぱら手続きや工期やコストについての批判に終始し、デザインそのものの可否については議論とならなかった。当初のザハ・ハディド案を決める際に問われた、オリンピックに相応しい記念性やインパクトなど、建築そのものの社会的価値を問う議論はいつの間にか消えてしまっていた。

建築のテーマを問うことが難しい状況は、建築家自身の意識のなかにも共有されるようになってきた。たとえば、今年出版された建築家・岸和郎の『デッドエンド・モダニズム』(LIXIL出版)では、建築のテーマでありつづけてきたモダニズムの不在が語られる。

岸は、美しいモダニズム・デザインを追求しつづけてきた建築家であるが、それはモダニズムの「偽装」であるとさえ言ってしまう。建築とは本来理想とすべき近代主義の社会像を形に変換するものであったはずだ。しかし、多くの建築家や作品について語るなかで、彼は、スーパー資本主義の圧倒的な支配により近代主義の社会理念が見失われた状況をとらえ、そうなった以上、それでもかつてのモダニズム・デザインが持ち得ていた力を信じるしかないのではないかとする。社会的に意味を失ったモダニズム・デザインだが、それを粛々と表現するしかないのではないかと吐露しているのだ。

一方で、これも近代主義の本質であったはずの、合理的な空間を創造する、構築するという意思を、改めて問い直すような動きも進みつつある。今年の一一月に「リノベーションまちづくり学会」(代表幹事・松村秀一)なるものが開催された。リノベーションとは、既存の建築を改修したり用途を変えたりすることで価値を高めることである。それを実践している多くの人々が全国から集まった。また、来年のヴェネチア・ビエンナーレ建築展日本館展示「en（縁）：beyond-SHARING」（キュレーター：山名善之）に集められた若手建築家による展示もリノベーションが中心となっている。

そうした活動に共通して見られるのが、それぞれの場所にある現実に徹底してこだわる姿勢である。そのため、そこで提出されるアイデアや技術は、必ずしも普遍的な方法論に向かうわけではない。かつて主張されたコンテクスチュアリズムは、既存の都市の文脈を読み解き、そこから空間を新たに構築しようとしたものだった。しかし、最近のリノベーションなどの活動に見られるのは、その文脈自身に建築家みずからが入り込んでいこうとしているように見える。そこには、自分の表現としての造形を構築するという意思がきわめて希薄なものになっている。

確かに、近代主義が建築のデザインをつくり出すということは、すでになくなってしまっているのかもしれない。しかし、新しいデザイン造形思想のようなものが生み出されているわけでもない。いや、もはやそうした思想の構築も必要とはしないということなのかもしれない。

この後も、「リノベーションまちづくり学会」は活動を続けていくが、そこに見られる社会教育活動のような特徴が興味深い。集まった人々と共同してリノベーションのあり方を模索し、その方法をみんなで学ぼうとするのである。これまでも、行政による公的施設をめぐるワークショップという、市民参加の実践はあったが、「リノベーションまちづくり学会」はそれとは違う。集まった人々は、実際の事業に関わる人たちになるのだ。これは、建築という行為が一般に裾野を広げることに繋がるわけだが、一方でそのことは、建築家のプロフェッショナルの根拠が薄れてしまうことも意味する。モダニズム＝近代主義は、実は、現代における建築家の専門性の唯一の拠り所になっているのではないか。それが、近代主義そのものが意味を失うことで危なくなってきた。いや、谷口吉生の作品のように、圧倒的なモダニズムの美はまだ存在する。造形センスとしてのモダニズムはこれからも生きつづけていくのだろうし、岸が言うように、建築家の専門性はそこに見いだすしかない。そういうことなのだろうか。

14

ガラスによる開き方を考える

二〇二〇年六月二五日付

コロナ禍で開館が延期されていた京都市京セラ美術館が五月にようやくオープンした。昭和三(一九二八)年の大礼を記念して、同八年に建設され国内に残る最古の公立美術館となっていた京都市美術館が、大胆な保存方法でよみがえった。青木淳・西澤徹夫設計共同体が、その保存・活用の設計を手がけた。

展示室・収蔵庫を新設しながら、敷地全体に回遊性を持たせるなど、あざやかな改修設計がなされているが、一番の見せ場は、玄関前の広場をすり鉢状に掘り下げて地下部分に新しいエントランスをつくったことである。「ガラス・リボン」と名づけられたそれは、保存された建物の歴史的意匠と強いコントラストを見せている。

近代建築の土台部分に手を入れるというのは、いままで見られなかった斬新な手法である。ただし、それは歴史的な近代建築が持っている重厚さを支える部分を失ってしまったようにも見えるわけで、どこかしら不安定であり、建築としての完結性が失われてしまったようにも見える。しかしながら、この喪失感のようなものには、新しい建築のあり方が示唆されているように思える。

今回のコロナ禍を通じて改めて認識されたのは、人が整然として集まるという様態が、必ずしもあるべき姿ではないということであろう。建設業も深刻な状況に陥っているが、ポストコロナにおいて建築はどう変わっていくべきなのか。もちろん、建築が集う場であることは変わらないが、人を限られた場に囲い込もうとする空間の作り方やデザインは見直されることになるはずだ。閉じ込める箱としての閉鎖性・完結性を持ってきた建築は、外側に向けて開かれていくことが求められるだろう。

歴史的建築の保存手法では、建築としての完結性は維持するべきものと考えられてきた。「ガラス・リボン」は、そのルールにはずれてしまう。しかしだからこそ、そこに表れる建築を開いていくイメージが新鮮に映るのだ。もちろん、その設計はコロナ禍より前から始まっているわけだが、建築の完結性を開こうとする思考は、近代主義の行き詰まりが認識された時点からすでに始まっていたはずだ。ポストコロナは、それを実体化する契機となるのであろう。ちなみに、この美術館の館長に就任した青木淳は、「当館は、『ニューノーマル』の時代の美術館のあり方を探っていきます」と宣言している。

京都市京セラ美術館
（青木淳·西澤徹夫設計共同体改修設計、2020年）

近代主義は確かに一時期に大量の人間を収める箱という建築のあり方をつくった。その一方でモダニズムは、ガラスと出会うことで、その箱を透明にして景色としては外に解放される空間をつくることに成功した。ガラスのカーテンウォールはその最大の発明である。ただし、これまでに見られた近代建築に現代的な手を加える保存手法では、そのカーテンウォールがそのまま使われるケースが多かった。古い壁全体をガラスで覆ったり、逆に古い壁面の内側にガラスの箱をつくったり。この「ガラス・リボン」が提示するのは、それとはまったく異なる方法だ。この部分から美術館に入って、古い建物の中央の吹き抜けに階段で導かれると、その先にはまたガラスの増築部分の空間がのぞいている。古く閉鎖された空間と、開放される景色を導くガラスが入れ子のようになっている。古い建物の保存手法だけではないだろう。ポストコロナで求められるのは、既存の閉鎖された空間を、どのように開いていくのかだ。モダニズム・デザインは、それに対して多様なアイデを提示することができるはずであり、そこに建築家の作品性も見いだされるのではないかと思う。

15 外側の関係をデザインする

二〇二一年三月二五日付

コロナ禍の後、建築はどのように再定義されるべきなのか。それは人を一か所に集める「箱」ではなく、周囲の環境に開かれた存在として考えられていくことになるはずだ。そこでは、孤立したものとして建築を考えるのではなく、周囲の空間も巻き込んだエリアとしてのデザインが求められることになるだろう。であるならば、これまで建物の間にある空地や余地とされてきた空間が注目されなくてはならない。とりわけ、大きな空地としてありながら放置されてきた都市公園を再定義して新たな価値を持たせていくことは、重要な課題になってくるはずだ。

そこで注目するべきと思われるのが、名古屋の久屋大通公園の大規模な改修事業である。都市内の公園は、都市公園法で行政による管理が求められ、建ぺい率なども厳しく規制されてきた。それが同法の改正により、民間事業者がその整備を大胆に担うことができるようになった。久屋大通公園整備はそれを活用した大規模な改修事業である。

ホテルやレストランを入れる改修によりよみがえった名古屋テレビ塔(国登録文化財)を中心に、南北に多くの店舗やレストランが並ぶことになった。確かに従来の公園のイメージは一新され、賑わいの創出に成功している。名古屋は地下街の街とも言われるが、人々が地上に戻ってきた。ただし、店舗の並べ方や通路のつくり方などは、明らかにショッピングモールのそれである。考えてみれば、それらのノウハウこそ、日本の商業施設が長年にわたり洗練させてきたものである。しかし、それは囲われた内部空間を前提としたものであり、そのために、ここでの賑わいは周囲の街への接続が絶たれてしまっている。せっかくの開放的空間なのに、独立した新しいショッピング施設がつくられたようにも見えてしまう。

コロナ禍の以前から、こうした都市内の公共の空間を新しくデザインする試みは始まっていたが、それが重要な課題として今後はさらに認識されるようになっていくのだろう。広場や空地をどうデザインできるのか。まったく新たなアイデアが求められるようになるはずだ。もちろん、公園だけではない。

さて、私がこの「建築季評」を書き始めたのは、二〇〇〇年のことであるから、もう二〇年も前になるが、今回でこのコラムも最終回となる。この間、9・11米国テロ、耐震偽装事件、東日本大震災、国立競技場問題など、建築の存在を揺るがすような社会的事件が連続して起こった。それにより、少しずつ建築の社会的位相は変化してきたのだが、今回のコロナ禍はそれらの変化をひっくるめて、まったく新たな建築像が生まれる契機になっていくのだろう。今後もしばらくは、その変化を見守っていきたいと思っている。

久屋大通公園(名古屋市)

afterword

連載コラムの最終回である。最後に書いたことはそのとおりである。コロナ禍の前から、建築を構築する根拠となってきた近代主義は行き詰まり、それを支えてきた市場経済も怪しくなってきた。温暖化対策も躊躇できない状況となった。そのようななかでのコロナ禍である。建築が変わらないはずがない。この連載でも、二〇二〇年三月以降、何度もポストコロナについて言及してきた。そこで指摘したのは、まずは人を収容する「箱」としての建築が、外に開かれなくてはならないということ。とはいえ、開いた先に何を目指すのか。おそらくそれは、ここで指摘しているような、外側との関係を築くことであろう。

二〇〇二年から始まった都市再生法により、都市の再開発主体はもっぱら民間資本になったわけだが、今回の都市公園法の改正で、公園にも民間事業者が入ることになった。さらに言えば、二〇一九年の文化財保護法の改正により、歴史的価値のある建築をいままでよりさらに積極的に活用していくことができるようにもなったが、そこでも重要となるのは文化財が立地するエリア全体で保存する価値を創出していくことである。

そうした環境が整うことで、これまでのような公的都市計画とは異なる方法で、賑わいをつくり出す都市風景が生み出すことになるはずである。しかし、どのような風景がそのエリアの理想の姿なのかという目標ははっきりしない。そもそもそれを導く理想の都市像など誰も描けないのだから。そのなかで、建築のできることは、隣の空間や建物と常に関係づけること、そのことをデザインすることになるのではないか。

建築季評

二〇〇〇年に鈴木博之氏からバトンを引き受けて始めたのが、読売新聞のこの「建築季評」である。鈴木先生には、生前にいろいろご指導いただいた。研究内容に関わることだけではない。先生は、大学以外でも多くの公務に携わっておられたが、とりわけ、ちょうど近代建築の保存が社会的課題になってきた時期において、その検討委員会等に数多く関わられていた。そこで、言われたのが、そういう所では「ちゃぶだいがえし」をしなきゃダメなんだということだった。歴史研究者も、というか歴史研究者だからこそ、社会的課題に筋を通すことが必要なんだ、という教えだった。

ただし、それは単純に保存を訴え続けろということではない。建築の保存は、保存することが絶対的な正義とならない場合もある。建築にはさまざまな企図が集まる場である。そこにおいて歴史研究者は、その知見から的確で確固とした判断を下し、それを貫くべきだと。だから、鈴木先生は時には一方的に保存を訴える専門家と対立することさえあった。

そこには、歴史家だからこそなしえる批評精神があった。まさにそれは、日本での建築の歴史研究に欠けているものだった。では、その鈴木先生の仕事を引き受けることができるのか。私自身も建築保存に関する検討委員会や、文化財関係の専門委員などを引き受けることが増えたが、そこでまだ「ちゃぶだいがえし」などできていない。情けないことだ。そのようなことで、「建築季評」というコラムのタイトルにある「批評」するという仕事が私につとまるのだろうか。ただ、一方で鈴木先生の、歴史研究者であるからこそ、積極的に今ある社会課題に向き合うべきだろう、という教えは引き受けたいと思った。

そこで、やれる範囲でできることを考えた。「ちゃぶだいがえし」はできないものの、歴史研究の手続きと同じやり方で、建築に関わる現在の事象の意味を解釈するということはできるのではないか。批評という行為が持つ積極的で生産的な部分、つまりその批評が何か別の新しい事態を生み出す、というところまでは踏み込めないかもしれないが、分析的な手続きで事象を読み解くことはできるかもしれない。

建築を理解しようとした時に難しいと思ってきたのは、そこで説明されるのが、もっぱら作り手側の根拠であることだ。なぜ、このような建築になったのか。その言説を基盤とする分析は、建築史研究でも一般的に踏襲されてきた方法だ。しかしもっと客観的、俯瞰的に建築を理解できないか。そんな問いかけから、私自身は、単体の建築ではなく、一つの群として、あるいは都市として、さらには領域としてと、しだいに範囲を広げながら、そこでの空間に関わる事象を捉えようとする方向に研究内容を変えてきた。そこで、「建築季評」というテーマには、その捉え方による分析がなじむのではないかとも考えた。つまり、より広い視野から建築の事象を捉えることができるかもしれないと。

しかしそれにしても、決定的に欠けていることがある。私自身が、建築の現場から遠いことだ。建築の保存や景観政策に関わる部分で専門家として関与する場面はあるものの、実際に設計に携わるわけでもないし、あるいは事業の当事者になるわけでもない。建築家たちのオーガナイザーのような仕事をするわけでもない。したがって、当事者でないとわからない事実を捉えられておらず、その解釈が事業を進めた人からすると違和感を感じる、ということも起こるであろう。しかし、それは歴史研究でも同じではないかと考えた。歴史的事実について、すべてのディテールを網羅することは不可能である。それでも研究成果が認められるのは、そこでの分析と解釈が客観的で実証的なものだと評価されるからだ。このコラムでも、そのことを心がけた。つまり、一つの事象について、それに関わる多様な観点から、どう理解し解釈するのが最も客観的で妥当なものなのかということを考えたつもりだ。

とはいえ、そこでの客観性はどのように担保できるのか。そもそも、このコラムで取り上げた事象は、まったく網羅的でもないし、選ぶ根拠もあいまいだ。たまたま私が出会ったもの、としか言いようがないかもしれない。しかし、それでもその解釈に意味が見出せるのだとしたら、解釈の根拠となる、時代に共有される意識・気分、あるいは踏み込んでそれを思想と言ってもよいかもしれないが、そうしたものが存在し、取りあげる事象がその存在を確認させるものとして捉えられることを示しているからだと言えるのだろう。

だとすれば、この二〇年を越える「建築季評」で浮上させてきた、その思想とはどのようなものだったのか。全体の構成がなく、個々にバラバラに書かれた連載コラムではあるが、確かにそこには、建築を捉える意識や概念に通底したものが捉えられたのだと思う。なによりも、大きな枠組みとしてあった近代主義がその根本のところから問われてしまったこと。それは、そのエンジンであったはずの資本主義経済が肥大化しすぎてしまい身動きがとれなくなったことで、多くの社会的理念を発動できないような状況として強く認識されるようになった。同時にそのことは、第六章で中心的に扱ったように、近代主義の理念を体現するとされてきた、モダニズム・デザインをどう捉えていくのか、あるいはどうそれは生き残っていけるのかというデザインの課題にもなった。

そうしたなかで、9・11、耐震強度偽装、3・11、そしてコロナ禍と、立て続けに社会を、そして建築の現場を大きく揺さぶる惨事が起こった。そして気候変動問題がさらに顕在化した。それらにより、近代主義は復活するのではなく、逆にその行き詰まりがさらに大きく認識されるようになっていった。もちろん、近代主義をどう修正する、あるいは解体させていくかという議論は、二〇〇〇年代以前から続いてきたが、この二〇年で起こったのは、それを急進的に進めようとする意思が強く現れたことである。国連のSDGsなどはその典型であり、この目標は、近代合理主義の全面的な方向転換をせまるものであるわけだ。

そうした変化する力に対応して、建築も変わっていった。いやそうではなく、その揺れ幅を広げていった、というのが正しいだろう。必ずしも社会理念やそのシステムの変化に即応して変わったわけではない。そこには建築に内在する自律的な規整が働くことになる。建築は本質として持っている変えられない部分があるし、商品として自在にその価値が変動するようなものでもない。では、その独自な部分は、どのように顕れることになるのか。おそらくは、この連載コラムで示したかったこと、また同時に期待されたことはそのことなのであろう。建築は、大きな社会変容のなかで、どう振る舞ったのか。

レジリエンスとインテグリティ

急激な社会変容が進む時代においては、その変容を捉えて理解するために、新しい言葉と概念が数多く登場することになる。この二〇年でも、たくさんの言葉が現れた。ここでは、そのなかから特に建築の変化に関わると思われるいくつかの言葉・概念を取り上げて、そこからこの連載で示した建築の変容についてあらためて考えてみたいと思う。

まずは「レジリエンス」から。もともとは回復力、復元力などを指す技術用語だが、東日本大震災以降、環境変化を乗り越える力という広い意味で使われるようになった。とりわけ建築に関わる分野では、この概念は重要なものとして捉えられたようで、日本建築学会では、震災一年後から繰り返しこの言葉がテーマとして掲げられるようになった。確かにこの概念は、建築の技術、環境、歴史、計画のあらゆる分野を横断して捉えることができるものである。

社会変容をどのように受け止めていくのか。この連載コラムでは、そのことを問うことが主題になってきたと考えられる。とりわけ第五章にまとめた建築の保存・再生に関わる内容では、直接その言葉は使っていないものの「レジリエンス」を考える内容となっているものが多い。この二〇年において、歴史的建築を保存・再生し活用していくことはしだいに一般化していった。それでも、豊郷小学校や東京中央郵便局などに代表されるように、その保存が政争化し話題になっていくことは繰り返し起こった。あるいは、地方都市の近代建築の保存をめぐっては、首長が代わることで建て替えから保存に変わったり、その逆のことが起きることもあった。そうした状況を踏まえて考えれば、「レジリエンス」という言葉があえて使われるようになったのは、その言葉が「しなやかさ」を含意するからであったと捉えられる。つまり、周囲の状況の変化も柔軟に受け入れて対応できることが求められると。政争化したり統治権力が介在してしまうことは、その「しなやかさ」がまだ足りないのだと解釈できるということだろう。建築それ自身が、状況に応じて対応できるものにならなくてはならないわけだ。そのためには、長い時代を生き抜いてきた建築が、それ自身で代えがたい価値を持つことが広く共有される必要がある。その意味で、この連載のなかでも何度も指摘してきた、建築の作り手側が、リノベーションなどの建築を維持して使いこなすという発想を獲得していくことは重要な意義を持つことであった。

しかし、その求められる柔軟さとは、何に対するものなのだろうか。あるいは、どのような変化を遂げれば、それが柔軟なものとして捉えられるのであろうか。それを問う概念として登場したと理解できるのが、「インテグリティ」であろう。この言葉は、誠実さや、真摯であることを示すもので、法令順守＝コンプライアンスをさらに広げた概念として、広く社会的にも使われるようになってきた。とりわけ世界遺産登録の審査に関わるICOMOS（国際記念物遺跡会議）において、文化遺産の価値を計る概念として二〇〇五年に提唱されてからは、建築の保存において重要な概念として使われるようになってきた。

もともとICOMOSによって守るべき概念として提示されていたのが、オーセンティシティ＝真正性だった。要するに、本物かどうかだ。この連載のなかでも、たとえば京都のみずほ銀行が、古い建物の形態だけ残す景観保存を行った例（二〇〇三年三月二七日付、一五一頁）などを紹介したが、これらは明らかにオーセンティシティが損なわれている。しかし、こうした近代の建築遺産は、その素材である煉瓦や鉄筋コンクリートの劣化という課題がある。オーセンティシティを厳密に守り保存しようとするのは限界がある。そこには何らかの柔軟さが求められなければならない。であるならば、厳密な保全ではなくどこかで変化を加えることになっても、その建築物の歴史的な価値が維持されるのであれば、それも認められるべきだと。そして、その際に守らなくてはならないのは、その価値に対して誠実に向き合う態度であるということになる。

この連載で取り上げた事象については、そこに建築に向き合う態度としての誠実さが問われたことを指摘したものも多かった。ただし、インテグリティは、単に誠実であればよいという概念ではない。たとえば、保存すべき歴史的建築の前にあえて壁をつくってしまった隈研吾の作例（二〇〇五年三月二二日付、二〇一頁）や、保存すべき様式建築の底をくりぬきガラスで覆ってしまった青木淳らの美術館（二〇二〇年六月二五日付、二二七頁）などは、従来の文化財保存の方法を「誠実に」踏襲してはいない。しかし、それらは建物の価値を損なわずに体現できる方法を見出した。従前の保存手法では、かえって建物の価値が減じてしまうと考え、しかし歴史的価値を守り、むしろそこに魅力を加える方法を、「誠実に」考えたものである。建物の価値の維持を、こうして深く検討する行為においても、そこに認められる誠実さはインテグリティとして評価すべきなのであろう。その誠実さにより、建築の維持において信頼に足る状態がつくり出されているのである。

一方で、三菱一号館の復元（二〇〇九年六月二五日付、一六〇頁）や平城宮大極殿の復元（二〇一〇年七月一日付、一六八頁）はどうだろうか。どちらも、きわめて詳細な調査と分析に基づき、実証的な復元が実現している。先述のみずほ銀行の復元例とはまるで違う。きわめて誠実で厳格な作業により実現している。こうした復元は、この二〇年間に起こった建築をめぐる事象で、特に特徴的なものだったと考えられるのだが、これをインテグリティとして評価してよいのかどうかは難しい。そもそもインテグリティとは、変化を認めつつも、そこに価値の継続が果たされているかを問う概念だ。復元は「変化」ではない。こうした例は、建築が何らかのイベント的な事業として扱われるようになった事態を示しているとも言えるだろう。

ここでの誠実さについても、柔軟さと同じで、それが何に対して誠実であるのかという、その向き合う社会像やその理念が問われることになる。そこで改めて考えなくてはならないのは、これまで広く共有されてきたはずの近代主義についてである。近代主義は、その定義において、それに対峙するものとして伝統主義や歴史主義があるとされる。しかし、この連載コラムで数多く扱った歴史や伝統をテーマとした事象のすべてが、近代主義から逃れたものであったわけではない。最もわかりやすいのは、三菱一号館や平城宮大極殿のような失われた建築を新たに復元する行為だ。それは、その場所にはこうした歴史があったのだという史実を記念するための事業である。ということは、その行為は、そこにある場所の歴史を客観的に理解し、その理解を実体化することでその意義を見出そうとしていると理解できる。そう捉えれば、これも、世界を客観的に理解し合理化するという近代主義のもとに行われる行為である。

近代主義に陰りが見え始めたとされるこの二〇年の間においても、近代社会の理想像を前提とした建築行為は、さまざまなかたちで営々と続けられてきたのである。そして、この連載で取り上げた多くの事例においては、近代的合理に向かおうという意味においての誠実さは確かにうかがうことができるのである。そして、第六章で扱ったモダニズム・デザインをめぐっても、それが近代主義をそのまま体現するものだという理解から、建築家の誠実さへの評価が集まったと思われる事例が多かったと言えるのだろう。

では近代主義そのものは変わりようがないというのが現実なのだろうか。もちろん、それを乗り越えるような動きもある。ICOMOSが提唱する「インテグリティ」は、歴史を客観視し抽象化するのではなく、その全体性に直接関わろうとすることに誠実さを捉えようとするものなので、そのこと自体、たしかに近代主義の理念からは離れているようにも思える。また、「レジリエント」と考えられる例のなかにも、連載で紹介した東日本大震災の復興事業のなかで、必ずしも復興後の発展を目指さないという理念が掲げられた事例にも見られるように、近代主義から距離を置いたところに、柔軟さが表れるような対応も含まれる。しかし、そうした事例は、大きな可能性を持つとしても、まだまだ限られたものでしかない。

ここで改めて問われなければならないのは、建築は変わらず近代主義に誠実に向き合い建築をつくり出しているのに、その誠実さが見えにくくなっている、あるいは意味を失ってしまっているという事態についてである。そこでは、建築をつくる企てや思いが、ほとんど意味を失うという事態が起こっているのではないか。そのために、その根拠となってきた近代主義そのものに陰りが見えているように感じられるのだろう。それはなぜなのか。

ショッピングモール

この連載のなかでは、建築の専門誌などではほとんど扱われることのない商業建築についても取り上げてきた。ショッピングモールの覇者とも言われるジョン・ジャーディのような存在が、日本でも多くの仕事を担うようになったのが、まさにこの連載が始まった二〇〇〇年以降である。この二〇年間、ショッピングモールに代表される大規模商業建築は、日本中に波及していくことになる。そこでは、公共建築やオフィスビルには見られない空間的演出が加えられ、それもしだいに洗練されていくことになった。ではその空間は、旧来からの商店街などと何が違うのか。それは端的に言って、集客システムとでも呼ぶべき一つの固定化された形式に倣うものになっている。演出は多彩だが、商業空間全体のつくり方はほぼ同じ形式に揃うようになった。確かに、これにより、われわれは地方都市も含めどこでも、便利で快適で、そして楽しい空間を享受することができるようになった。しかし、どれも同じであるということは、そこに設計者や事業者の企てや誠実さを読み取ることができない。というか、そうした企図をうかがうこと事態、意味を失うことになってしまった。

この連載の一番初めの記事では、SNSの存在（当時のメーリング・リスト）により建築の情報が広く一般化していく状況を指摘した。建築だけではない。この二〇年は、専門的な情報が広く共有されていく時代だったと言えるのだろう。そして、連載のなかでは、建築に関する一般向けの展覧会の盛況についても何度か触れた。従来は専門家のなかに閉じられていた建築の情報、とりわけそのデザインに関する知見は、かなり深いところまで一般の人が共有できる状況が生まれていった。それにもかかわらず、自分たちの周囲に広がっていく建築については、そこに建築家の思いや企図を読み取ることが難しくなる。それを読み取ることに意味を見出せない状況が生まれてしまっているのだ。それはなぜか。

　最初の一章で取り上げたように、ザハ・ハディドの国立競技場の白紙撤回は、この二〇年間の建築と社会の関係を考える上で最も重要なものになると考えられるのだが、そこにこそ、建築家の企てが意味を失っていくという事態が象徴的に表れている。あのアバンギャルドな造形には、そもそもそれを支える思想はすでに失われている。あの流線型のフォルムには時代的な根拠はない。それでもあの造形が選ばれたのは、そこにオリンピックの記念性や祝祭を象徴する役割が期待されたからだ。つまりデザインが演出装置として切り出されているわけで、それは、いわばショッピング・モールにおける演出の仕掛けとして同質のものだとも言えるのであろう。だから、その切り出された造形が「過剰」なものとみなされると、その批判はデザインの可否ではなく、過剰を許した仕組みやその責任を糾弾するものになってしまった。当初は、建築の専門家からあの造形自体に対する批判があったのだが、その後の批判はひたすら工費とその責任の問題に収束していくことになった。そこには、デザインと社会が隔絶されてしまっている事態がある。

　建築家や事業者の企て、とりわけそのデザインは、確かに社会状況から切り離され独立したものとして一般に認識されるようになっていく。それは、ショッピング・モールに代表されるように、空間のつくり方が一つのシステムのなかに落とし込まれていったためだと理解できるだろう。そこにおいて、デザインはどれほど多様な表現を生み出そうとも、それは付加的な要素でしかなくなる。言うまでもなく、そのシステムとはもっぱら商業空間の普及・効率化のために構築されるものである。そして、そのシステムは、近代主義の経済的根拠としてあった資本主義が、グローバル化・肥大化することにより洗練され、より精緻なものへとその完成度を上げていった。それは、建築家の企てが介在する隙間を与えず、建築家の空間に対する誠実さを無意味化するまで強固で網羅的なものになっていったと言えるのだろう。連載の最後(二〇二一年三月二五日付、二二九頁)で紹介した、ショッピング・モールのように見えてしまう名古屋の久屋大通公園の再開発などは、その事態を象徴的にうかがわせるものだ。

人新世

ここでこうした事態を説明するためにもう一つ言葉を加えよう。「人新世」だ。われわれは、地球の生態系や気候に大きな影響を及ぼす地質年代に突入してしまっている。それを「人新世」として提唱されたのが、まさにこの連載のスタートと同じ二〇〇〇年だ。ただ、日本でこの言葉が一気に広まったのは、斎藤幸平の『人新世の「資本論」』(集英社、二〇二〇年)からであろう。ここで重要なことは、環境危機が人類の経済活動、つまり近代の資本主義の際限なき利潤追求によってもたらされているという認識である。つまり、資本主義の体制がグローバル化しあまりにも肥大化してしまうことが、地球の危機を生んでいるという理解である。しかし、この場合の危機とは、気候変動などの環境危機だけではないことはすぐにわかる。巨大で精緻化された資本主義が動かすシステムは、あらゆるものを商品価値に還元してシステムのなかに回収してしまう。ショッピング・モールの興隆と定式化もそのわかりやすい例だ。そして、建築そのもののやそのデザインも商品としてみなされてしまうことになる。もちろん、建築家の作品には、デザインだけが切り離されず、それが建築の全体性と一体となり意味を持つというものもつくられてきた。しかし、問題はそうした作品が持つ社会的な創造性や先進性の価値が理解・評価されないという状況が生まれてしまっていることなのだ。

では建築本来の価値とは、どのようにすれば回復できるのか。『人新世の「資本論」』では、資本主義の本質である経済成長から脱却するためには、人々により共有・管理されることで市場価値とは異なる仕組みで富を築く「コモン」を構築することが必要だと説いている。コモンの概念は、すでにアントニオ・ネグリらの『帝国』(以文社、二〇〇三年)でも提示されたものであり、その議論は、マルクス主義を改めて評価した上で提示されるものだ。確かに、あらゆるものを「包摂」してしまう経済システムが臨界点を迎えたように見える現状において、資本主義の限界を指摘したマルクス主義に立ち返ることは説得力がある。しかし、マルクス主義は、資本主義ではない仕組みを必ずしも提示しているわけではない。だからこそ、「コモン」という概念が新たに提起されることになったと理解できるのだが、いまのところそれは曖昧にしか把握できない社会像である。

ただし、建築や都市計画の分野ではかなり以前から、経済的には計れないが集団的・共同体的に生み出される場をやはり「コモン」として理解することは提起されてきたし、実際に、住宅地や公園ではコモンと名付けられた場所もある。しかし、そうした場所や空間が、はたして資本主義を乗り越えるような仕組みをそこにつくり出しているかの判断は難しい。この連載のなかでも、たとえば阪神・淡路大震災の復興住宅での南芦屋浜コミュニティ＆アートプロジェクト(二〇〇四年三月二九日付、一三〇頁)など、その仕掛けになる可能性を指摘できるような事例も取り上げている。しかし、この連載でもっぱら注目してきたのは、具体的な形や空間を構想する側の意思である。何らかの新しい社会像による組織や仕組みが形成されるようすではなく、それを導く可能性のある造形のつくられ方に着目してきたと言えるだろう。南芦屋浜の例でも着目したのは、そこにつくられた「だんだん畑」であった。

「コモン」は、行き詰まってしまった資本主義とは全く別の形式や認識として提示された。しかし建築するという行為から考えると、その行き詰まってしまった社会システムからはみ出してしまった部分、あるいははみ出そうとする行為にこそ、まずは注目すべきなのだろう。そして、実際にそうしたことをうかがわせる事象が、この二〇年に数多く現れてきたのである。

それは、具体的に言うと、着目した二つのことに多く見られる。一つは美術館である。この連載のなかでは、美術館について扱ったものは確かに多い。もちろん、建築の専門誌でも、美術館建築が紹介されることは多く、それは建築設計における重要なテーマの一つになっていると言えるだろう。しかし、美術館が建築のテーマになることは、そこに一つのパラドックスのようなものが生じていると思われる。美術館は、主には公共の文化施設としてつくられる。しかし、「作品」が美術市場のなかで価値づけられることが進むことで、市場経済のなかに放り込まれてしまう事態が起こってきた。とりわけ、二〇〇三年に指定管理者制度が始まると、民間事業者による来場者の増加を目指す、つまりは収益性を高めるノウハウが強く求められることが進んでいった。

さらに、現代アートのパラドックスとも言える状況も生じてきた。そもそも、現代アートとは既存の美術史による価値や、それによる美術マーケットを批判するところから始まったもののはずだ。だから、これまでの美術館による評価にはなじまないものであるはずだ。ところが、その評価が難しい作品が、いまや投資、あるいは投機と言ってもよいだろうが、その対象になってしまっている状況が生まれつつある。つまり、肥大化し際限なく拡張した資本主義マーケットは、そうしたものさえ「包摂」していく状況が生まれつつあるのだ。そこには、そのシステムがついに臨界点を迎えたようすをうかがうことができる。

そして、この二〇年でつくられ話題となった美術館の多くが、この現代アートをその展示作品の中心とするものなのである。本来的に美術館とは、作品の価値を定めてコレクションし展示するものだ。現代アートは、それを一つの近代的制度として捉えて批判するところから作品を生み出してきたと言ってよい。しかし、現代アートを扱う美術館は、その価値づけが難しい、というか評価することがなじまない「作品」を、それでもそこに認められる市場的価値から展示するという、かなり矛盾した状況に立たされている。しかも、「作品」の市場的価値と言っても、それはショッピングモールにおける商品とは異なり、常に相対的、投機的に揺れ動くものであるため、美術館自身が商業施設のように利潤を最大化するという合目的な目標を持つことは困難である。だから、そこにおける建築とは、そうした矛盾をかかえこんだなかで何らかの独創的なアイデアを建築に与えることが求められてきた。つまり、矛盾を乗り越えるのではなく、矛盾から離れて独立するような存在として美術館建築を考えようとした。

この連載のなかで磯崎新の活動は何度か取り上げているが(プリツカー賞受賞を紹介した二〇一九年三月二八日付、一二〇頁など)、彼は奈義町現代美術館(一九九四年)を設計する際に新しい美術館のあり方を提起している。それは、商品化された「作品」を展示するそれまでの美術館に代わり美術館自身が「作品」となることを提起し、作品と建築が一体化された美術館を構想した。この美術館建築の捉え方は、まさに美術市場に「作品」が飲み込まれながらも、それでも美術館が成立するためには、建築自身が、そしてそこに埋め込まれた「作品」が、市場から独立した交換不可能なものとして存在する姿を示すしか残されていないことを示している。それは、美術や建築が本来的に持っている創造行為と、資本主義の拡大による市場の支配という間の矛盾が臨界的にまで達した状態において、そこから抜け出すための方法が提起されたものだと理解できる。

実際に、この二〇年間において注目された美術館建築のほとんどが、この特定の作品を建築に内包するという形式のものになっている。ただし、それらはいまのところ特異な方法としてあるもので、美術館や現代アートが背負った矛盾を根本的に解消しているわけではないだろう。ただ、行き詰まってしまっている資本主義の社会システムの矛盾が先鋭化して現れる場として、美術館建築に仕掛けられる建築家の構想に期待されるものは大きいし、建築の作品化という方法以外にも、そこにさまざまな企てが登場してくることが求められているのだろう。

さて、肥大化した資本主義のシステムから逃れようとする試みと思われるものとして、もう一つ注目しなければならないのが、個人の表現行為として建築デザインを捉えずに、建築の周囲の身近な細部から形を組み立てようとする建築家たちの動きだ。それを、「非作家性」として飯島洋一が批判したことを紹介したが(二〇〇〇年一二月一三日付、九一頁)、そこでの批判の根拠となっているのが、建築行為の前提となるはずの構築する意思が希薄化しているという事態だった。確かに、近代主義において建築は世界をよりよく合理化するために構築しなければならないものである。しかし、消費社会の進展、そしてあらゆるものを飲み込んでいく資本主義市場の拡大により、構築しなければならないものは、ひたすら細分化され形式化されていった。そこに大がかりに社会を捉えて空間を大胆に構築することは求められなくなっていく。それは大げさで、消費者から見れば意味のないことのように見えてしまう。

隈研吾の『負ける建築』（岩波書店、二〇〇四年）という提起は、まさにその状況を捉えたものだと言えるだろう。さらに、東日本大震災後の伊東豊雄の「みんなの家」（第三章・二〇一三年）も、建築はもはや作品として構築するものではないという思いから構想されたものだと理解できる。そして、隈研吾は実際に、その表現において、大がかりな構造や構成ではなく、細分化された繊細さや材質の質感などのミクロ的な要素から空間を構築するという方法を獲得していく。また、伊東豊雄においては、大胆な空間構成をつくりながらも、それを、自律的に自己生成する仕組みからつくり出そうとすることに取り組むようになる。SANAAなどに代表されるように、伊東の薫陶を受ける、あるいは隈の影響を受ける新しい世代の建築家には、革新的な生成過程により、あるいはミクロ的・素材的なところから、独創的なデザインを創造する建築家が数多く登場するようになってきた。

そうした建築家の取り組みは、確かに際限なく肥大化する資本主義システムのなかに、それでも建築を構築する意義を示すための方法を見出そうとしている行為だと捉えることができる。もちろんだからこそ、その結果として表れる独創的な建築には、いまの時代を正直に反映した高い質感が表現されているのである。そこには、現在の社会状況に向き合おうとする「インテグリティ」＝誠実さが読み取れるとも言えるだろう。しかし問題は、その「インテグリティ」が理解されにくくなっていることなのだ。市場システムの支配のなかに置かれてしまうことで、革新的なデザインも、その新規性だけしか認められず、それを実現させた独創性や創造性が一般にはほとんど評価されないという事態が生まれてしまっている。

「人新世」の議論では、われわれの豊かで快適な消費生活が、多くの「収奪」の上に成立されている現実が指摘されるが、重要なのは、われわれはその「収奪」としての生産の現場がまったく見えないものにされてしまっていることである。その「収奪」とは何も国家間の南北格差で起こるものだけではない。あらゆるものが商品化されることで、モノがどのようにつくり出されるかという現場、建築で言えば設計の段階につぎ込まれた思想や思いも、ほとんど見えないものにされてしまっているのである。だから、そのデザインはたちどころに消費されてしまう。そのため、ならばと、また新たなデザインが要請される。

そのように見えてしまうためだろう、この連載では、建築家が築く新しい独創的な造形手法の事例についてあまり取り上げていない。それよりも、その強固に固められた社会システムからはみ出すような事象の方が興味深いし、社会的には重要なのではないかと考えた。では、はみ出すとはどういう事態か。飯島洋一が批判の対象とした建築家たち、具体的に言えばアトリエ・ワンやみかんぐみの設計のなかには、非作家性、つまり主体的に構築しようとする意思を否定しようとする意思を読み取ることができる。そこで実践している、敷地や環境などの外在的な条件を観察し分析し、そこから形を導こうとする方法には、確かに従来の建築家の表現行為が持つ積極性は希薄になっている。しかし、だからこそそこには強固に構築された社会システムから逃れる可能性が示されていると思われるのだ。構築の意思を特定の場所に外在化してしまう。「私」の思いではなく、場所の仕組みがデザインをつくり出すのだと。確かに、既存の場所に築かれてきた仕組みや構造は、その場所にしか価値は見出されないし、それは抽象化・商品化して「収奪」されることもない。

同じ意味で注目されるのが、リノベーションである。この二〇年で、既存の建築を改修・再生するリノベーションの事業が広く行われるようになった。それも、空間を積極的にこちらから変えようとするのではなく、そこにある環境を受け入れ、そこからその場所に意味のある空間を組み立てようとする行為である。リノベーションまちづくり学会の活動を紹介したが(二〇一五年一二月二四日付、二二五頁)、そこでのリノベーションとは、表現行為として捉えられていないばかりか、それはまちづくりやそのための社会教育の実践としても位置付けられていた。

ただし、二〇年の間には、同じリノベーションでも、それが持ち得る意義については少しずつ変化してきたと思われる。最初に目立ったのは歴史的遺産の保存・再生のためであったが、しだいにそこでの歴史的価値が拡張され、建築を使い続けることの意義が意識されるようになる。しかしそこからさらに展開して、一つの地域・エリアを再生させるのに最も有効な方法として捉える意識が強くなった。保存から再生への変化だ。リノベーションは、まちを新たに組み立てる行為であると捉え、だからまちの再生の中心となるべきものであるという捉え方が広まった。

そこで想定されているまちの再生は、資本を投下して行う再開発とは明らかに異なっている。それは規模の違いではない。地域再生に取り組むリノベーションにおいては、建築家や事業者はたとえ外からやってきたとしても、既存の空間にもぐりこみ、内部から発想を組み立てようとする。もちろん、そのためにはそこの生活者と、地域再生に対する意思を共有することが必要であり、そこでは空間の設計と同等に、人の交わりについてのマネジメントが重要な作業となる。そうなると、そこには、個人的な作品を構築しようとする意思はほとんど意味を失う。そこで表れている意識は、空間の「構築」ではなく周囲の空間への「接続」であると言えるだろうか。確かにその状況は、「コモン」の実践のようにも思えるが、そうした社会像がそこで求められているわけではなく、あくまで空間をつくり直していくことが目標となっている。

この連載では、とりわけ第二章や第五章でわかるとおり、そうしたリノベーションや都市再生事業に特に注目している。もちろん、地方行政が主体となりいわゆる市民参加で都市再生を進めようとする事業は、これまでも一般的に見られた。しかし、ここで取り上げたのは、あくまで建築家やプランナーが自律的に場所に関わり、自らが具体的な計画を立ち上げるケースである。そこには、「まちづくり」という言葉が含意してしまっているお仕着せの束縛感のようなものは見られない。そして、建築設計を専門とする新しい世代が、そうした取り組みに数多く参入してくるようにもなっている。これは、強固に固められた資本主義システムから、逸脱しようとする意思の表れとも読み取れるだろう。そこに建築の行為としての新しさが見出せると言ってもよい。もちろん、その意識の濃淡はまだ大きく、しかも、そうしたリノベーションや都市再生がどのような空間を導くのか、あるいはそれによりどのような社会像を描くことができるのかはまだ明確ではない。

ポストコロナ

そしてコロナ禍がやってきた。この連載では、二〇二〇年三月からコロナ禍による事態ではなく、その後にやってくるポストコロナについて何度も触れてきた。コロナ禍で指摘された「三密」は、人を特定の場所に集約させるという近代建築がつくり出したものでもある。それを回避することは、近代主義がつくり上げた空間構造が根本から見直されることになるのではという期待を感じた。際限なく続く市場による空間の支配のようなものが、これを契機に変わるかもしれない。しかし残念ながら、その可能性を担うと思われる、指摘したような非作家的、あるいはリノベーション的取り組みも、停止することを余儀なくされた。その本質にある場所との「接続」が制限されてしまったからだ。「三密」を回避するだけなら、技術的な方法や、空間デザインの工夫で解決することはできるだろうし、そのノウハウがまた一つの商品となって、世界に波及することも考えられる。ただ、今回の禍害の深刻さは、近代主義をもっと根本から捉え直そうとする機運を生み出す可能性もあるのではないかとも思える。

その可能性を考えた場合に、最後に残されたのがモダン・デザインの評価についてである。それは、装飾を排し、誰もが利用できる機能的な空間をつくるという、まさに近代主義が生み出した空間理念に基づいたデザイン手法であった。しかし、実際にそこに生み出されたデザインには、明らかに美しさを生み出す何ものかがあった。その大胆でありながら、研ぎ澄まされ上品でもあるというその美しさは、明らかにわれわれの体に染みついた感覚になっている。際限なき市場経済の拡張が、近代主義の限界や矛盾を示し始めたこの二〇年においても、モダン・デザインがその美しさを生み出すという事態は何も変わらなかったと言えるだろう。

「作品」として革新的な造形をつくり出そうとしてきた建築家のデザインでも、その基調をなすのはモダン・デザインのセンスだった。

もちろん、場所への徹底した接続によって新しい建築のつくり方を実践する、たとえばスタジオ・ムンバイなどの仕事では、モダン・デザインとは異質なデザインが生み出されるような例も見いだされる(二〇一〇年一二月二三日付、二一五頁)。しかし、その回で指摘したように、市場経済の支配から考えれば辺境とみなされる場所にでも、いや辺境だからこそかもしれないが、そこで新たに生み出される建築に、モダン・デザインの美しさが際立つようなことも起こっている。コロナ禍でオープンした京都市京セラ美術館で、歴史的近代建築を再生する手段として青木淳らが用いたのも、前面の掘り込んだ部分につくった「ガラス・リボン」と命名したモダン・デザインの仕掛けだった(二〇二〇年六月二五日付、二二七頁)。

かつてレム・コールハースが暗示したのは、際限なき資本主義の拡張のなれの果ての世界であり、そこでは表層的な差異の操作しかなくなると徹底的にアイロニカルな世界像が示された。しかし、コロナ禍は、そのなれの果ての深刻さを浮き彫りにしてしまったのであり、その経験からは改めてデザインの復権のようなことが起こるのではないか。そこでは、モダン・デザインは、近代主義の理念から切り離された存在として使われつづけることになるのだろう。いや、この二〇年でもはや、その両者を不可分のものとして見る捉え方はほとんどなくなってしまったのかもしれないが。

ただし、ここで重要なことは、そのデザインが、なれの果てでも厳然と存在しつづける社会システムに回収されない強度を持つものでなければならないことだ。そのためには、デザインは商品化されない、すなわち他者から与えられる価値によるものではなく、個人が、あるいは集団が自ら築くものにならなければならないはずだ。だとすれば、デザインはより幅広く、さまざまな選択肢が与えられることになるのだろう。そのことは、最近のリノベーションなどでも明確に見て取れるようになってきた。モザイクのように多様なデザイン要素が臨機応変に使われている。モダン・デザインは、そのなかでも基調をなすものとなるだろうが、絶対的なものである必要はなくなっていく。この連載では、歴史家の藤森照信のデザインを何度か取り上げた。それは、建築の「祖型」を求めようとしているように見えるが、その存在感は、逆に新しいデザインを導いているように見える（二〇〇七年六月二八日付、二〇九頁）。そして重要なことは、それが、作品をつくるという作家的な意識ではなく、藤森の世界像の表出であるように見えることだ。おそらく、こうしたものも、デザインの選択肢の一つになっていく可能性が見えてくるだろう。

藤森照信の作品が魅力を持つことについては、別の見方からも可能性を感じることができる。彼は、歴史家の見識を踏まえて造形を新たに志そうとしたのではない。彼にとって、建築デザインは、歴史研究と平行して続けられるものであり、どちらも彼にとって同質の創造行為である。そうした設計活動のあり方はいままでほとんど見たことがないものだ。このことが示すことは重要である。建築のデザイン、あるいはそれを設計するという行為が、必ずしも特別な専門性を必要とするものではなくなってきているのではないか。

つまり、デザインするという生産的な行為が、特別なものではなく一般に開かれつつある。そのことは、建築の世界だけではない。典型的には、ＳＮＳの世界で起こっていることからうかがえるだろう。この連載の初回で示したように、情報ネットワークによって専門的な知識が広く共有されるようになったが、現在のようにSNSが日常の生活ツールに定着するようになると、情報を共有するだけでなく、個人が自ら発信する情報が新しい知識を生み出すような事態が生まれつつある。もちろんライブコマースやフェイクニュースのように消費社会の危うさを示すようなものも含まれるし、そもそも情報ツール自身が新たな収益システムであるわけだが、それでもマスメディアから独立し、創造的な発信を個人が行い、それが共感を生む(バズる)ようなことが確実に起こっている。それは、それまでの消費者が生産者に転換するという事態であると理解することもできそうだ。

最近のリノベーションの現場などでは、まさにそうした事態をうかがうことができるだろう。あるいは、東京建築士会の「これからの建築士賞」(二〇一八年一二月二七日付、一一八頁)にも見られたような、不動産の仲介などと連携して建築の設計を行うというような活動に取り組む人も現れてきている。土地やそこでの生活と接続することにより、建築の設計がより開かれたものになってきていることが確実にうかがわれるようになった。しかし、そう捉えると考えなくてはならないことが二つある。一つは、建築するという行為における専門性、プロフェッショナルであることの意味を再定義する必要がありそうだということ。そしてもう一つは、公の再定義である。近代社会における公共性の概念をめぐってはすでに多くの議論が重ねられてきた。この連載でも村野藤吾作品に見る公共性(二〇〇五年一一月一九日、一〇六頁)など、さまざまな切り口からそれを考えてきた。ポストコロナにおいては、コモンの概念と合わせて、改めてさらなる概念の更新が求められるだろう。そして、それは建築のあり方も大きく揺さぶっていくことになるはずだ。

しかし、いずれにしても、コロナ禍の後にやってくる建築がどうなっていくのかは不確定要素が多い。以上の述懐も、あくまでこの二〇二〇年を見てきた上での、私の想像（妄想）でしかない。しかし、コロナ禍が、人間と空間の関係を改めて構築し直す契機になっていくことは間違いないだろう。連載の最後に書いたように、そこに表れる大きな変容はじっくり観察していきたいと思うし、その変化に大きな期待を感じないわけにはいかない。

さて、この論考は「建築季評」の連載から機会を得たものである。最後になってしまうが、この連載の場を与えてくださった読売新聞文化部には改めて感謝を申し上げたい。加えて、文化部の担当者には、原稿の内容、とりわけ一般紙としての言い回しやデータの正確さなどについて詳細にチェックをいただいたことにも感謝しなければならないし、こちらとしてもたいへん勉強になった。

もちろん、二〇年にもわたる連載であるので、担当者は何人も変わったことになる。二〇〇〇年の最初の回から担当していただいたのは、前田恭二氏である。氏は、その後論説委員にまでなり、二〇二一年からは武蔵野美術大学の教授として、日本の近現代美術史の研究を続けている。著書『絵のように——明治文学と美術』（二〇一四年）では、小説家がどのように絵画を意識したのかという論点から、美術の位相を分析したもので、私の専門である近代都市史・空間史と重なる観点も多く、とても勉強になった。この方に最初に担当していただき、さまざまな助言をいただけたのは幸運であった。その後も、高野清見、森田睦、淵上えり子、岩城択、泉田友紀の各氏に担当いただいた。つたない原稿を、それでも丹念に読み込んでくれて、さまざまなアドバイスをいただきました。ありがとうございます。

それから、この連載を書籍としてまとめるにあたっては、鹿島出版会の渡辺奈美さんにお世話になった。当初から、本にするなら単なる連載を並べるだけではおもしろいものができない、という企図を共有させていただき、かなり面倒な編集をお願いすることになってしまったが、たいへん充実した内容のものを仕上げることができたのではないかと思います。ほんとうにありがとうございました。

二〇二二年三月　中川理

初出一覧

本書は、読売新聞の連載「建築季評」(二〇〇〇年三月〜二〇二一年三月)を元に書き改め、加筆したものである。以下に、各論考の連載時のタイトルと掲載日を記す。

第一章

01 「一貫性欠く表現に光」二〇〇〇年三月三〇日付
02 「建築編集者 植田実の「夢」」二〇〇五年九月二七日付
03 「震災と耐震偽装」二〇〇六年一月一七日付
04 「空間の質 社会的な評価を」二〇〇六年一二月二一日付
05 「消費システム 超えられるか」二〇〇八年六月二六日付
06 「震災が促す「知」の拡張」二〇一一年一二月二二日付
07 「「記念性」問われた一年」二〇一二年一二月二七日付
08 「責任体制なき国立競技場」二〇一三年一二月二六日付
09 「理論が見つけにくく」二〇一五年六月二五日付
10 「「設計」の価値問う新国立」二〇一五年九月二四日付
11 「場所の再生担う存在」二〇一六年三月二四日付
12 「「ポケＧＯ」「マイクラ」の意義」二〇一六年九月二九日付
13 「枠組みで評価される窮屈さ」二〇一六年一二月二九日付
14 「都市図面 手書きの説得力」二〇一八年九月二七日付
15 「集う価値を見出す空間」二〇二〇年三月二六日付
16 「国立競技場 近代主義も問う」二〇二〇年一二月二四日付

第二章

01 「限定的価値 共有の場」二〇〇〇年六月二九日付
02 「施設は何を目指すのか」二〇〇二年六月二七日付
03 「新しい概念不在」二〇〇三年六月二六日付

04——「モノから場所へ」二〇〇三年一二月一二日付
05——「制度としての美術館解体」二〇〇六年六月二九日付
06——「幻の五輪案 磯崎新の挑戦」二〇〇六年九月二八日付
07——「団地の「空間の質」再評価」二〇〇七年一二月二〇日付
08——「制度厳格化 新しさ生む転機」二〇〇九年九月二四日付
09——「生活再興に寄り添えるか」二〇一一年六月三〇日付
10——「復興計画 社会的強度が要」二〇一一年九月二九日付
11——「都市デザインとの連動」二〇一四年三月二七日付
12——「トリノ 都市再生の奇跡」二〇一八年三月二八日付
13——「新たな価値与え都市再生」二〇一八年六月二八日付
14——「上海再開発 アートの視点」二〇一九年六月二七日付
15——「ソウル「物語」を繋ぐ実験」二〇一九年九月二六日付

第三章

01——「施主像見えず戸惑いも」二〇〇〇年九月一八日付
02——「問われる「作家主義」」二〇〇〇年一二月一三日付
03——「既存の方法論に頼らぬ「正直さ」」二〇〇一年三月一九日付
04——「作品以上に生き方に共感」二〇〇一年一二月一三日付
05——「独自「足し算」のセンス」二〇〇四年六月三〇日付
06——「軽やかさに漂う物足りなさ」二〇〇四年一〇月四日付
07——「安さ」だけでは文化の貧困」二〇〇五年一二月一九日付
08——「村野作品 都市で現実性」二〇〇八年一二月二五日付
09——「現実を反映した「新人戦」」二〇一〇年一〇月七日付
10——「「計画」から「解決」の手段へ」二〇一三年三月二八日付
11——「藤森照信作品 自然と融合」二〇一七年三月三〇日付
12——「既存の場所、空間に価値あり」二〇一八年一二月二七日付
13——「社会の変容 磯崎新の問い」二〇一九年三月二八日付

第四章

01——「自分が風景になる体験」二〇〇一年七月五日付
02——「非日常空間で輝く「作品」」二〇〇三年九月二九日付
03——「生活の時間軸取り込む」二〇〇四年三月二九日付
04——「「景観」制度も自由度も必要」二〇〇七年三月二九日付
05——「新たな表情生む壁面緑化」二〇一四年九月二五日付
06——「象徴性 どこに求めるか」二〇一六年六月三〇日付
07——「「土地柄」が生成する風景」二〇一七年六月二九日付
08——「街と一体の歴史考察」二〇一九年一二月二六日付
09——「進む「擬和風」の景観整備」二〇二〇年九月二四日付

第五章

01 ——「「建て替え神話」見直す時」二〇〇二年三月二八日付

02 ——「レプリカ保存 最善策なのか」二〇〇三年三月二七日付

03 ——「「残したい」の共有こそ価値」二〇〇七年九月二七日付

04 ——「都市との呼応が失われる」二〇〇八年三月二七日付

05 ——「自らの物語 どう超える」二〇〇九年六月二五日付

06 ——「記憶引き継ぐ「空間」は文化」二〇〇九年一一月一八日付

07 ——「「モダニズム」も表現行為」二〇一〇年三月二五日付

08 ——「復原 祭りの後の役割は…」二〇一〇年七月一日付

09 ——「空間全体が保存の対象」二〇一一年四月四日付

10 ——「震災 負の遺産をどう保存」二〇一二年三月二九日付

11 ——「「かっこいい」にも守る価値」二〇一三年六月二七日付

12 ——「遺構修復で途上国支援」二〇一三年九月二六日付

13 ——「改修アイデア必要」二〇一四年六月二六日付

14 ——「社会との接点 どう探るか」二〇一四年一二月二五日付

15 ——「文化財 維持と活用の先駆」二〇一七年九月二八日付

16 ——「「新築」「保存」超え使い続ける」二〇一七年一二月二八日付

第六章

01 ——「合理主義建築の終えん」二〇〇一年九月二八日付

02 ——「「表面」という鏡が映す「内実」実感できぬ時代」
二〇〇二年一一月二六日付

03 ——「モダニズムに美を託せぬ時」二〇〇四年一二月二〇日付

04 ——「京都の先鋭的なビル再生、評価は?」二〇〇五年三月二二日付

05 ——「丹下の死はモダニズムの終焉」二〇〇五年六月二二日

06 ——「「誠実さ」わかりにくく」二〇〇六年三月二二日付

07 ——「「祖型」目指した二つの美」二〇〇七年六月二八日付

08 ——「閉塞打ち破る先鋭的表現」二〇〇八年九月二五日付

09 ——「モダニズム 意味の奪還」二〇一〇年一二月二三日付

10 ——「社会から発想する設計」二〇一二年六月二八日付

11 ——「縮退化を見据えた手法」二〇一二年九月二七日付

12 ——「展示空間の美を追求」二〇一五年三月二六日付

13 ——「テーマ「モダニズム」の不在」二〇一五年一一月二四日付

14 ——「歴史的意匠 大胆に保存」二〇二〇年六月二五日付

15 ——「「箱」から「開かれた空間」へ」二〇二一年三月二五日付

や

ら

数字

A–Z

は

ま

さ

あ

か

中川 理　なかがわ・おさむ

1955年横浜生まれ。1980年京都大学工学部建築学科卒業。

1988年京都大学大学院建築学専攻博士課程修了。工学博士。

1992年京都工芸繊維大学助教授。2003年同教授。2021年から同名誉教授・神戸女子大学客員教授。

2015-2016年建築史学会会長。2017年文化庁文化審議会専門委員など。

著書に、『重税都市——もうひとつの郊外住宅史』(住まいの図書館出版局、1990年)、

『偽装するニッポン——公共施設のディズニーランダゼイション』(彰国社、1996年)、

『近代建築史』(共編著、昭和堂、1998年)、『京都と近代——せめぎあう都市空間の歴史』(鹿島出版会、2015年)、

『京都　近代の記憶』(思文閣出版、2015年)、『近代日本の空間編成史』(編著、思文閣出版、2017年)、

『風景学——風景と景観をめぐる歴史と現在』(共立出版、2008年)、

『空想から計画へ——近代都市に埋もれた夢の発掘』(編著、思文閣出版、2021年)など。

日本建築学会賞(論文)、日本都市計画学会論文奨励賞、日本建築学会教育賞など受賞。

閉《と》ざされる建築《けんちく》、開《ひら》かれる空間《くうかん》　社会《しゃかい》と建築《けんちく》の変容《へんよう》

二〇二二年五月二五日　第一刷発行

著者——中川《なかがわ》 理《おさむ》
発行者——坪内文生
発行所——鹿島出版会
〒一〇四—〇〇二八　東京都中央区八重洲二—五—一四
電話〇三—六二〇二—五二〇〇　振替〇〇一六〇—二—一八〇八八三

印刷・製本——壮光舎印刷
装丁——中野デザイン事務所

ISBN 978-4-306-04692-4 C3052

本書の内容に関するご意見・ご感想は左記までお寄せ下さい。
URL: http://www.kajima-publishing.co.jp/
e-mail: info@kajima-publishing.co.jp

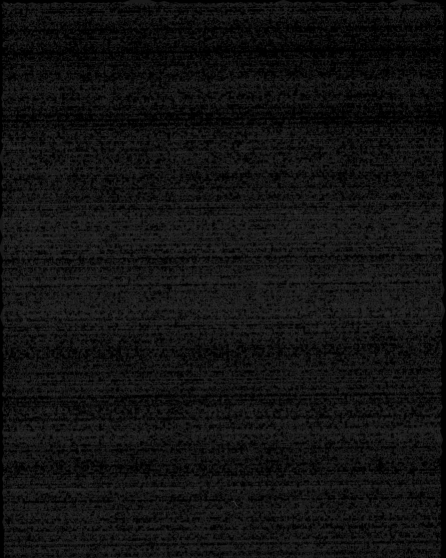